JN085491

都市経営研究叢書 **6**

学際研究からみた 医療・福祉 イノベーション経営

新ヶ江章友［編］

日本評論社

『都市経営研究叢書シリーズ』
刊行にあたって

　21世紀はアジア・ラテンアメリカ・中東・アフリカの都市化と経済発展の時代であり、世界的には、人類の過半が都市に住む都市の時代が到来しています。

　ところが、「人口消滅都市（※注)」などの警鐘が鳴らされているように、逆に先進国都市では、人口の減少、高齢化、グローバル化による産業の空洞化が同時進展し、都市における公共部門やビジネス等の活動の課題はますます複雑になっています。なぜなら、高齢化等により医療・福祉などの公共需要はますます増大するにもかかわらず、人口減少・産業の空洞化が同時進行し、財政が緊迫するからです。

※注：2014年に日本創成会議（増田寛也座長）が提唱した概念

　このため、これからは都市の行政、ビジネス、非営利活動のあらゆる分野で、スマート（賢く）でクリエイティブ（創造的）な課題解決が求められるようになります。人口減少と高齢化の時代には、高付加価値・コストパフォーマンスの高いまちづくりや公民連携（PPPやPFI）が不可欠です。今後重要性の高い、効果的なまちづくりや政策分析、地域再生手法を研究する必要があります。また、人口減少と高齢化の時代には、地方自治体の行政運営の仕方、ガバナンスの課題が大変重要になってきます。限られた財政下で最大の効果を上げる行政を納税者に納得して進

めていくためにも、合意形成のあり方、市民参画、ガバメント（政府）からガバナンス（運営と統治）への考え方の転換、NPO などの新しい公共、そして法や制度の設計を研究する必要があります。また、産業の空洞化に対抗するためには、新産業の振興、産業構造の高度化が不可欠であり、特に、AI などの ICT 技術の急速な進歩に対応し、都市を活性化する中小・ベンチャーの経営革新により、都市型のビジネスをおこす研究が必要です。一方、高齢化社会の到来で、医療・社会福祉・非営利サービス需要はますます増大いたしますが、これらを限られた財政下で整備するためにも、医療・福祉のより効率的で効果的な経営や倫理を研究し、イノベーションをおこさないといけません。

　これらから、現代社会において、都市経営という概念、特に、これまでの既存の概念に加え、産業や組織の革新（イノベーション）と持続可能性（サスティナビリティ）というコンセプトを重視した都市経営が必要となってきています。

　このために、都市経営の基礎となるまちづくり、公共政策・産業政策・経済分析や、都市経営のための地方自治体の行政改革・ガバナンス、都市を活性化する中小ベンチャーの企業経営革新や ICT 化、医療・福祉の経営革新等の都市経営の諸課題について、都市を支える行政、NPO、プランナー、ビジネス、医療・福祉活動等の主要なセクターに属する人々が、自らの現場で抱えている都市経営の諸課題を、経済・経営・政策・法／行政・地域などの視点から、都市のイノベーションとサスティナビリティを踏まえて解決できるように、大阪市立大学は、指導的人材やプロフェッショナル／実務的研究者を養成する新しい大学院として都市経営研究科を、2018 年（平成 30 年）4 月に開設いたしました。

　その新しい時代に求められる教程を想定するとともに、広く都市経営に関わる諸科学に携わる方々や、学ばれる方々に供するため、ここに、『都市経営研究叢書』を刊行いたします。

都市経営研究科 開設準備委員会委員長　桐山　孝信

都市経営研究科 初代研究科長　小長谷　一之

はしがき

　先例のない高齢化社会を迎え、わが国の医療機関や社会福祉施設、市民公益団体は、業務・活動の質・安全・効率性の向上、実践知に富む高度専門人材の育成・確保、患者・利用者価値の向上、地域医療・福祉の拡充など、多数の複雑な課題への同時並行的な取り組みを求められている。

　本書では、こうした諸課題の達成に資するイノベーションを連続的に実現する医療・福祉組織のイノベーション経営モデルを、経営学、医学、哲学、倫理学、社会学、文化人類学を専門とする研究者による議論に基づき学際的視点から考えたい。その上で、日本の医療・福祉組織の特徴と今後のイノベーション経営の可能性について議論する。

　都市経営研究叢書シリーズ第6巻となる本書は、2018年4月に開設された新大学院、大阪市立大学大学院都市経営研究科の4つのコース（都市政策・地域経済コース、都市行政コース、都市ビジネスコース、医療・福祉イノベーション経営コース）のうち、医療・福祉イノベーション経営コースが企画・編著を担当した。

　本書は、これから医療・福祉領域でのイノベーション経営を学びたいと考えている初学者を主な読者と想定している。経営学に関するバックグランドを必ずしも持ち合わせずとも、読み進めることができるような内容となっている。

　第1章は、現代日本の医療・福祉の組織で働きながら「経営」を学ぶことを求められているさまざまな人々、特に管理・経営の役割を担っている人々が、主に営利企業の活動とその諸帰結を考察してきた経営学、その中でも主に「イノベーション経営」に関する理論と実践を「クリティカル（批判的）」に学びながら、日本の医療・福祉組織の特性に即した独自のイノベーション経営を考え実践していくための「学習のあり

方」を考える。

　第2章は、医学と経営学両方の視点から、市場と消費者という関係性から生まれた消費者モデルによる限界を指摘する。その限界を克服するためにプロバイダー、クライアントがお互いのコミュニティーに包摂された社会と市民としての関係性から、ヘルスケア・サービスが社会に提供できる価値について考察する。

　第3章は、倫理学の視点から、医療領域ではすでに業務上の課題となって久しい、生命倫理において中心概念となる「インフォームド・コンセント」、および、その基礎となる「自己決定」原則を、医療・社会福祉（・保健）を含むヘルスケアの「倫理」の課題として、大学院で多様な職種の方と対話的に問い直すための題材の1つとして、インフォームド・コンセントを医学・技術を軸に歴史的な文脈において整理した。

　第4章では、組織をテーマにした哲学対話（ソクラティク・ダイアローグ）の方法を紹介する。そこでは、社会学や経営学などの専門理論が提供する概念ではなく、人々（組織を構成する当事者や関係者）が、いわば自前で「組織」をどのように「哲学する」ことができるのかを、哲学対話の事例から描き出す。そこから「組織」がどのような仕方で現れてくるのかについて考察する。

　第5章は、人権研究の視点から、高齢者福祉現場におけるケアと「人権に基づくアプローチ」を取り上げる。介護を必要とする高齢者を無力な被援助者としてまなざし、従属的な位置に留め置くのではなく、人権の主体、権利の請求者として位置づけ、当事者のエンパワメントと参加を原則に、政策から現場の実践までを改革していく動きは、国連障害者権利条約の成立によって加速し、2000年代以降、ヨーロッパを中心に進んだ。このような概念アプローチが生まれた背景や基本的な考え方、海外での取り組みの一部などを紹介する。

　第6章は、文化人類学の視点から、医療・福祉現場でのフィールドワークに基づく調査方法論について述べる。社会人として医療・福祉の現場で働きながら修士論文等を執筆したいと考えている大学院生が、どのようにフィールドの人々とのラポールを形成し、どのようにデータを収

集し、そしてそのデータをどのように分析して論文の執筆を行うのか
を、文化人類学の視点から説明する。

　第7章は、司法福祉学の視点から、司法と福祉の関係について具体的
な現場の活動を踏まえて分析した。近年注目されている司法と福祉との
連携は、実は、福祉臨床の現場における小さなイノベーションの積み重
ねの結果であり、うまくいかない現状を何とか打開しようと草の根の取
り組みを続けていくことで結果として、社会のあり方をも変えていくこ
とにつながりつつあるということを説明した。

　本書が、医療・福祉の現場で働きかつ学ぶすべての人々の一助となれ
ば幸いである。

　　2022年1月

　　　　　　　　　　　　　　　　　　　　　　　新ヶ江　章友

目　次

第1章

医療・福祉組織の イノベーション経営のための 「クリティカル経営学習」

Ⅰ. はじめに

　急速な少子高齢化に伴って日本の医療・福祉のニーズは増大し複雑化しているが、政府は医療・福祉の組織にコストの抑制と質・安全の保障・向上を求めている。これら一見矛盾する要請に応えるべく、日本の医療・福祉の組織では「経営」への関心が高まっている。医療領域では2003年以来、米国のDRG（Diagnosis Related Group）システムを参考にしたDPC（診断群分類に基づく1日あたり包括払い）制度が導入され、クリニカルパスを活用した入院期間の短縮化やリハビリテーションの拡充が求められている。社会福祉領域では2000年に介護保険制度が導入され、同年には営利企業による保育所の運営も認められて、非営利の社会福祉法人と営利企業との「市場競争」を通じたサービス向上とコスト削減が期待されている。

　政府は自治体と医療・福祉の組織に対して、いわゆる「団塊の世代」が75歳以上となる2025年を目途に、「重度な要介護状態となっても住み慣れた地域で自分らしい暮らしを人生の最後まで続けることができるよう、住まい・医療・介護・予防・生活支援が一体的に提供される地域包括ケアシステム」（厚生労働省）を構築するように提言している。これに伴って高齢者・障がい者向けの医療（看護）・介護サービスを、これまで主流であった病院や老人ホーム、障がい者施設などの施設だけでな

く、患者・利用者が住み慣れた「自宅」においても提供していくために、「在宅医療（看護）・介護」を施設に比べて低いコストで提供するしくみが模索されている。

　本章では、このような現代日本の医療・福祉領域の病院や診療所、社会福祉法人などの組織で働きながら「経営」を学ぼうとする人々、特に診療や看護、介護や保育、障がい者支援、児童養護などの各部門・組織で管理・経営の役割を担っている人々が、主に営利企業の活動とその諸帰結を考察してきた経営学と、その中でも主に「イノベーション経営」に関する理論と実践を「クリティカル（批判的)」に学びながら、日本の医療・福祉組織の特性に即した独自のイノベーション経営を考え実践していくための「学習のあり方」を考える。

　現在の日本の医療・福祉領域では「経営」は主にカネの収入と支出の視点から理解されているが、本章ではカネだけでなくヒト、モノ、知識・情報などの多様な「経営資源」すべてを考慮する現代経営学の視座に立ちつつ、それをクリティカルに学ぶ方法を考える。このため、「経営」を「より少ない資源を用いて、より多くの成果が得られるように、営利・非営利事業体の業務と組織を継続的に変革することを目的として、全ての組織成員が公式・非公式のパワーを行使すること」、「イノベーション」を「営利・非営利の事業体の全てのステークホルダー（患者・利用者・職員を含む）に、より多くの価値を提供し、グローバル社会・経済の持続的発展のための法・経済・社会制度の変革（構造的矛盾の発展的解消）に貢献するような、事業体の戦略、組織、業務、製品・サービスの変革」と大まかに捉えて議論を始める。なお、以下では特に断りのない限り「日本の医療・福祉組織」を、公的・民間病院や診療所などの診療機関と、社会福祉法人など社会福祉事業を行う非営利組織に限定して議論を進める。

Ⅱ．現代日本の医療・福祉組織によるイノベーション経営への期待

　まず20世紀後半以降の日本社会の主な変化に着目して、現代日本の医療・福祉組織がどのような新たな社会・経済的価値を創出することを期待されているか、そのイノベーション経営の必要性を確認する。

　この期間の日本社会の最も大きな変化のひとつとして「少子高齢化」を挙げることができる。これまで主に外傷、感染症や急性疾患に対応して事業を拡大してきた日本の病院や診療所は、今後は高齢者に多い慢性疾患や複合疾患、障がいへの対応を強化することが求められている。これまで主に、特別な支援・配慮を必要とする少数の人々を支援してきた社会福祉の組織は、今後はさまざまな支援・配慮を必要とする多様な人々が共に安心して生き生きと暮らせるまちづくりの主たる推進者として、地域福祉の実現に取り組むことが求められている。また、虐待やいじめなど、さまざまな新たな支援を必要としている子どもたちへの対応を強化することも期待されている。

　もうひとつの大きな変化として、「価値観とライフスタイルの個人化」にも注目する必要がある。消費生活や働き方の多様化に伴って人々の医療や福祉へのニーズも多様化しており、日本の医療・福祉組織は、これまでのような患者・利用者への平等・均等な対応を超えて、より個別性の高い対応を求められている。この個人化を促進しているのが、高学歴化やインターネットなどメディアの高度化による「知識・情報の普及」である。医療・福祉組織は患者・利用者の知る権利を尊重し、質問やクレームに対して十分な説明責任を果たすことが求められている。また、豊富な知識・情報をもった患者・利用者と対話・協力して、共同で新たな価値を創出していく新たな関係づくりも期待されている。

　さらに、1980年代以降の日本では、移動・輸送・情報通信などの分野でのさまざまな技術革新と、それを利用したコンビニエンスストアや宅配サービス、電子商取引などの新たな商業サービスの発達によって、生活の利便性が大きく向上した。人々は行政や教育、医療、福祉などの

公的サービスについても同様に利便性の向上を求めており、特に医療・福祉組織では予約の簡便化、待ち時間の短縮、セルフサービス化など補完的サービスの充実が期待されている。

　一方、1990年代以降の日本経済は低成長が続き、企業は収益を確保するために非正規雇用を増加させている。また、政府も財政赤字を抑制するために公共事業の民営化、行政サービスの縮小や効率化、営利企業・民間団体等への委託を進めている。これらの要因から、人々の間での資産・収入・生活水準の「格差の拡大」が懸念されている。医療・福祉組織についても、前述した「地域包括ケアシステム」の構築に向けて、コストの高い病院や介護施設だけでなく、在宅での医療や介護の提供、地域福祉の拡充が求められる一方で、規制緩和により営利企業が参入している介護や保育の領域では「市場競争」への対応も期待されている。また、人々の資産・収入・生活水準の格差の拡大に対応するために、政策医療や措置制度による社会福祉サービスを超えた（地域）社会貢献や、低所得者が医療や社会福祉のサービスを利用しやすくする取り組みも要請されている。

Ⅲ．日本の医療・福祉組織と経営の特徴と構造的矛盾

　次に、現代日本の医療・福祉組織とその経営の特徴と構造的矛盾を、川村（2017a, 2017b, 2018, 2021b）に依拠して以下の4点で整理しておきたい。

　第1の特徴として、医療・福祉組織がサービスを提供する顧客（患者・利用者）市場と、労働力を調達する労働市場の特性を検討する。日本の医療・福祉組織はともに、主に政府・行政による規制が行われているために、一般の営利企業と比べると競争の少ない顧客市場でサービスを提供しているといえるだろう。このため医療・福祉組織は営利企業と比較して、サービスの価格や品質など顧客に提供する価値の多寡を、他の医療・福祉組織（保育・介護分野では営利企業を含む）と競争するプレッシャーは少ないと考えられる。これは同時に、患者・利用者・市民の要求にそれほど真剣に応えなくても、顧客から見放されることなく事業

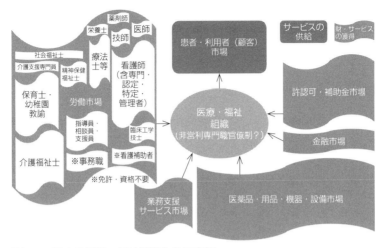

図1-1　日本の医療・福祉組織と主要市場
（出所）川村（2018）

が継続できることを意味するかもしれない。

　一方、欧米と同様に日本の医療・福祉の労働市場も、医師や看護師、保育士や介護福祉士などの免許・資格によって細分化（セグメンテーション）されており、保育や介護の労働市場では営利企業が経営する事業所もそれぞれの労働力を調達している。医療・福祉組織は必要な労働力を確保するために、労働市場の各セグメント毎に同業他組織（保育・介護分野では営利企業を含む）に対して十分な競争力をもつ必要がある（図1-1）。労働市場で十分な競争力をもてず、労働者に見放された医療・福祉組織は、事業の縮小を余儀なくされたり、事業の継続が困難となることもあるだろう。

　また、医療・福祉組織では、運営する施設・事業に応じた特定の免許・資格の保持者を規定された人数以上に雇用することが、施設・事業の許認可や主な収入の条件となっている。経済学的にみると免許・資格とは、その保持者の労働の市場競争力と市場価値を高める制度といえる。実質的な業務独占権をもち、保持者が少ない免許・資格ほど、その保持者は高い報酬を期待できる。一方、名称独占権のみで実質的な業務

独占権が相対的に弱い免許・資格、あるいは保持者が相対的に多い免許・資格については、その保持者の報酬は相対的に抑制される可能性が考えられる。また、現状では多くの許認可や収入の基準は、雇用する免許・資格保持者の「人数」であり、個々の保持者の実務経験・業績・技能は考慮されない。このため雇用者である医療・福祉組織は、相対的に市場価値の低い免許・資格の保持者が徒労・消耗感を感じることなく業績や技能の向上に努力できるように、業績・技能向上への適切なインセンティブを提供する必要があろう。また、医療・福祉組織が「経験年数に応じた昇給」という日本の一般的雇用慣行を採用しつつ、同時に総額人件費をコントロールしようとする場合、相対的に市場価値の低い職種については、雇用を長期間継続して人的資源の開発に投資するよりも、最低限の技能をもつ免許・資格保持者をできるだけ短期間雇用しようとする可能性も考えられる。

　第2の特徴として、日本の医療組織では、施設・法人の許認可・免許基準や診療報酬制度に基づいて、政府と職能団体による「弱い経営」が行われていると考えられる。個別の医療組織の経営の自由度（経営者の「自由裁量」の範囲と程度）は営利企業に比べて大幅に小さく、業務・組織・経営の同型・同質化をみることができる。このことから日本の医療組織では、必ずしも営利企業のように専門知識をもつ経営者を雇用しなくても、医療労働市場の各セグメントでの競争力を維持し、定期的に変更される許認可基準や診療報酬制度に従って少しでも多くの収入が得られるような資源配分を行っていけば、組織を存続させることはできるだろう。顧客市場での競争が弱く、個々の医療組織が患者に提供する価値を高めるために独自の業務・組織・経営の変革を試みる自由度も、その経済的誘因も限られているため、とりわけ患者価値の向上をもたらすようなイノベーションへの取り組みは、医療組織の内部からは生まれにくいかもしれない。

　第3の特徴として、欧米と同様に日本の医療組織でも、専門職の自律的な業務遂行を官僚制組織が支援する、「専門職官僚制 Professional Bureaucracy」（Scott 1965; Mintzberg 1989）という組織構造をみること

ができる。これは「高度な情報処理装置としての専門職」（Thompson 1967; Perrow 1971; Galbraith 1977）が要請する業務の自律的遂行権限と、官僚制組織における業務の階層的管理権限という「二重の権限構造」（Smith 1955）をもち、「専門職原理と官僚制原理の対立」（Litwak 1961; Blau and Scott 1962; Scott 1965, 1982; Etzioni 1964; Wilensky 1964）を内包する組織構造とされている。また、医療組織を構成する複数の専門職が、各職種の収入を確保し社会的地位を向上させるための「専門職化プロジェクト」（Larson 1977）に取り組み、「業務管轄権 jurisdiction の拡大と専門職階層システム system of professions 内での上方移動」（Abbott 1988）をめぐって、職種間および同一職種内で競争を繰り広げる組織でもある（Macdonald 1995）。

　現在の日本では、多くの民間病院・診療所のみならず、制度上は官僚制原理が優越すると考えられる公的病院においても、管理部門や事務職ではなく、医師や看護師などの「医療専門職が主導する」専門職官僚制の運営が主流であるようにみえる。専門職原理が優越し、医療専門職が主導する専門職官僚制は、米国では1970年代まで一般的であったとされる医療組織独特の組織構造であり、その機能上の特徴の一つとして「専門職支配 Professional Dominance」（Freidson 1970）を挙げることができる。専門職支配とは、職業集団として「組織化された自律性 organized autonomy」をもち、「制度化された専門技能の階層 hierarchy of institutionalized expertise」において支配的地位を占める職種（医師）が、クライエントや関連する他職種を統制することであり、医師の「専門職意識 professionalism」によって正当化・再生産される。Freidson (1970) は「専門職意識」の内実として、1）自らの知識・技術を私益ではなく専ら公益のためにのみ適用するという理念、2）自らが所属する職業集団への献身、そして、3）専門職の仕事は本質的に高度に複雑・非定型的で、適切に遂行するには広範な訓練、優れた知能と技能、単純な規則では評価できない高度に複雑（秘儀的）な判断が必要とされるという仕事観、の3つを指摘している。また、この専門職支配と密接に関連する、医療専門職が主導する専門職官僚制のもうひとつの機能上の特徴と

して、「逸脱の医療化 medicalization of deviance」(Conrad and Schneider 1992; Conrad 2007) を指摘することができる。逸脱の医療化は、精神障がい、アルコール依存症、アヘン嗜癖、非行、多動症、児童虐待、同性愛などの「逸脱行動」を「医学的な問題として、通常は病いとして、定義しラベル化すること、そしてそれに対するある形態の治療を提供することを医療専門職に委任すること」(Conrad and Schneider 1992：邦訳55頁) である[1]。

「医療専門職が主導する」専門職官僚制では、こうした専門職支配や逸脱の医療化の帰結として、絶えず変化・細分化しつづける医学・医療技術が組織の内部に随時、直接に持ち込まれてその活動を不断に変化させ、内部機構を複雑化すると考えられる。一方で、日本の医療組織では専門経営者と官僚制が複数部門・職種の業務を調整・標準化する機能が弱いため、業務・組織・経営の標準化が阻害され、組織内部のコミュニケーションと業務調整の時間とコストが増大することが考えられる。こうした中で、専門技能階層の下部に位置する職種の一部は官僚制原理を取り込んで、管理的職種への転身を試みる可能性も考えられる。

第4の特徴として、第2次世界大戦以降、日本の社会福祉組織を代表して永らく行政の社会福祉事業の執行を主たる事業としてきた「社会福祉法人」の経営と組織の特徴を検討する。その措置事業については、主に政府・行政による規制が行われているために、労働市場での競争力を維持し、行政の求めに応じた資源配分を行っていけば、医療組織と同様に、必ずしも専門経営者を雇用しなくても事業を継続することができる。一方で、前述の通り2000年以降に営利企業との競争が始まっている介護保険事業や保育事業では、顧客（利用者）市場および労働市場の双方で競争力を維持するために、経営能力の向上が求められている。このことは同時に、これらの事業での市場競争を通じて、公益非営利組織である社会福祉法人が、競争相手である営利企業から、マーケティングやコスト削減のためのさまざまな経営管理技法を意識的、無意識的に学習している可能性を示唆しており、社会福祉法人のもつ公益・社会的役割に相応しい、クリティカル（批判的）な学習が求められているともい

える。

　社会福祉法人の多くは、一般的な行政組織と比べると専門性は高いものの、医療組織と同様に専門経営者が不可欠ではなく、医師ほどの強力な権限と主導権をもつ専門職は少ない。このような社会福祉法人の組織構造は、前述の医療組織とは対照的に、準行政組織とでも呼べるような、「官僚制原理が優越する」専門職官僚制となる可能性が考えられる。社会福祉法人のなかには、優れた支援実践能力とカリスマをもつ創業者が設立した小規模な運動体を起源とする組織も見られる。運動体の一部には、運動の拡大に必要な経営資源を獲得するために社会福祉法人格を取得して、医療組織と同様に「福祉専門職が主導する」専門職官僚制となる組織もあるが、一方で、時間が経過して創業者が退任すると、後継者への事業の継承を契機に徐々に行政組織と同型化して、前述した「官僚制原理が優越する」専門職官僚制となっていく可能性も考えられる。

Ⅳ. 医療・福祉組織のイノベーション経営のための 「クリティカル経営学習」

　前節で検討した構造的特徴をもつ現代日本の医療・福祉組織が、20世紀後半以降の日本社会の変化の中で生まれているさまざまな期待に応えるイノベーションを創出していくために、特にこれらの組織で管理・経営の役割を担っている人々は、「イノベーション経営」をどのように学んでいけばよいだろうか。

　川村（2017a）によれば、医療や福祉、教育などのヒューマンサービスでは、利用者によるサービスの価値の決定が複雑・困難であるほど、そのサービスは提供者と利用者による高度に複雑な協働行為になる。したがって、高齢化に伴って増加する慢性・複合疾患や障がいをもつ患者・利用者と複雑に協働して、それらの患者・利用者にとって価値のあるサービスを提供するためには、医療・福祉の組織は高度に「複雑・創発的 complex/emergent」（Letiche 2008）になることが要請される。

こうした組織では営利企業の組織構造と経営技法の多くの有効性は限定的であり、逆にその導入にはさまざまなリスクを伴う可能性が指摘されている（Letiche 2008; Kleinman 1988; Good 1994; Groopman 2007）。これは、営利企業の組織構造と経営技法の多くが、顧客による価値の決定が比較的単純・容易な製品・サービスを、競争的市場で提供して利潤の最大化をめざす道具として開発されてきたためである。

　近年の経営学では、営利企業の組織構造と経営技法の多くは、人間が非人間を道具（手段）として利用する「道具的合理性 instrumental rationality」（Habermas 1984, 1987）を追求するあまり、人間である労働者や顧客をも「道具化 instrumentalization」（Habermas 1984, 1987）してしまう、「疎外、コントロール、支配、抑圧、酷使、搾取する技術」（Alvesson and Willmott 2003）となる危険性が指摘されている。川村（2017a）によれば、こうした営利企業の組織構造と経営技法が医療・福祉の組織に安易に導入されると、専門職官僚制に内在する「科学主義 scientism」（Hayek 1952; Popper 1959）、「専門職支配 professional dominance」（Freidson 1970）、「経営者主義 managerialism」（Parker 2002）などの考え方と複合されて、組織が十分な複雑・創発性を持つことが困難になる。そればかりでなく、患者・利用者・家族と労働者、そして提供されるサービスそのものが、過度に道具化されることも懸念される。また、特に「専門職支配」が残る現代日本の医療組織では、医学知識と医療労働の絶えざる細分・ルーチン化（Chambliss 1996）が進んでいるため、そうした知識・労働を調整する時間・コストが増大し、調整の有効性も低下して、短期および長期の患者価値と労働者価値が大きく損なわれる可能性がある。

　川村（2017a）によれば、現代日本の医療・福祉の組織でイノベーション経営を促進するためには、道具的合理性だけでなく、複数の人間がコミュニケーションを通じて共同で「より善い」社会を探求・構築する「コミュニケーション的合理性 communicative rationality」（Habermas 1984, 1987）をも同時に追求する、高度に複雑・創発的な組織を構築・運営する経営技法が必要となる。同時に医療・福祉サービスを、固有の

科学技術・専門知識の発達方向と社会的帰結・影響の予測不能性	⟷	合理的／満足できる選択を希望する患者・利用者
科学技術・専門知識の普遍・法則・論理性	⟷	対人ケアの多様（個別）・一回・非論理性
科学技術・専門知識の発展のための細分化	⟷	科学技術・専門知識を対人ケアに利用するための統合化
規律化・統制・社会防衛権力としての医療・福祉	⟷	個人の自由と人権
他者／生命を対象とする科学技術・専門知識に基づいて、他者の「不幸」を減らすために提供される侵襲的サービス（財）としての医療・福祉	⟷	多様／個人化し変容し続ける文化的価値・規範
医療・福祉の質を保証するための政府による許認可	⟷	甘やかされる／期待を裏切られる患者・利用者・市民、「万能・完璧」を追求し疲弊する医療・福祉従事者
（別の視点からの、または新たに生み出される矛盾）	⟷	

図1-2　日本の医療・福祉組織の活動に内包されている「構造的矛盾」の例
（出所）筆者作成

歴史と文化をもつ個別社会（コミュニティ）の構成員が、双方向コミュニケーションを通じてその社会独自のより善い社会を共同で探求・構築する「リフレクティブな」（Habermas 1984, 1987; Schön 1983）技術のひとつとして再構築し、短期・長期の患者・利用者価値と労働者価値の損失を削減していく経営技法も求められる。これらの組織で管理・経営の役割を担っている人々が、こうした視点から「経営」をクリティカルに学ぶことを、本章では「クリティカル経営学習」と呼ぶ（Kawamura 2015, 2016）。

　医療・福祉組織のイノベーション経営のためのクリティカル経営学習を、Schön（1983）の「行為の中での省察 reflection-in-action」およびEngeström（1987）の「拡張的学習 expansive learning」の視点から考えると、それはまず、1）医療・福祉組織の構成員が、日常業務の中での省察 reflection を通じて、自組織の活動に内包されている「構造的矛盾 structural contradiction」（図1-2）に気づき、次に、2）それらの矛盾を解消し、患者・利用者や医療・福祉組織の構成員など組織の全ステークホルダーにより大きな価値を提供する「より善い実践」を創造するとともに、その実践を持続可能にするために組織とその経営、法令や文化を含む社会制度を変革していくプロセスと捉えることができる[2]。

表1-1　医療・福祉組織のイノベーション経営のための「簡潔な行動指針」

1) ケアがシステムに圧倒されないようにする。
2) パーソンを患者へと翻訳し、臨床の場ではパーソンに戻す。
3) ラディカルな変革を起こすために、古くなったカテゴリーと集合レベルを解体する。
4) 関係をマネージする。
5) 創発と「ランゲージング languaging」を、対話の中で統合する。
6) 対話を通して目的と目標を明確化する。
7) アイデアと行為の一貫性を検討することによって、リーダーシップを正当化する。
8) ヘルスケアは、ヒーリングをサポートしなければならない。
9) リーダーは（組織独自の）「簡潔な行動指針」を提唱しなくてはならない。

（出所）Letiche（2008）、Kawamura and Letiche（2013）に基づいて筆者作成

　Kawamura and Letiche（2013）は、クリティカル経営学習を通じた医療・福祉組織のイノベーション経営の原理として、Letiche（2008）が提唱する9つの「簡潔な行動指針 simple guiding principles」を紹介している（表1-1）。

　Letiche（2008）は現象学的存在論、ポストモダン脱構築主義、および社会複雑性理論の視点から、医療・福祉の組織が患者・利用者に提供すべきケア care を、人と人の関係の中で「創発する（emerging: 予期せず立ち現れる）」新たなセンス・メイキング sense-making、セルフ・アウェアネス self-awareness、自己理解、および社会的実存 social existence のプロセスとして捉える。そして、ケアする人とされる人が対話の中で役割や立場を超えて人格として関わりあい、そのつながりの中から共に発達していくことがケアの本質であると主張する。Letiche（2008）によれば、現代の医療・福祉組織がケアを提供するためには、ケアする人とされる人が「共通言語と対話的関係」を築き（languaging）、「ソクラテス的対話 Socratic Dialogue」によって「創発が可能な空間 possibility space」を開いて、新たな世界観と双方の自己のあり方を共同で探究する必要がある。「共通言語」には言葉、知識、思考のほかに、慣行、モノ、ジェスチャー、社会構造などが含まれる。「ソクラテス的対話」とは、病気や健康、治療や回復など、対話する両者がそれぞれ「知っている」、「確実だ」、「正しい」と思っていたことを「徹底して疑う」（あるいは深く考えてこなかったことをよく考えてみる）ことで、不確かさと不

安に直面しながら、それまで気づかなかった新たな変化・発達・進化の可能性を一緒に探っていく対話である。

　さらに Letiche（2008）は、現代の医療・福祉組織のリーダーは、日常の個別のケアの場面で、倫理的リーダーシップ ethical leadership を発揮する必要があると指摘する。より具体的には、1）規則や定型業務（ルーチン）によってケアが損なわれないように、職員の言動に細心の注意を払う、2）ケアする職員とケアされる患者・利用者・家族が、両者の関係の中で創発する「有意義な協働行為」を遅滞なく「言語化」して実行するために、医師、看護師、患者・利用者・家族、施設管理者などの既存の役割・立場を超えた、人格的・対話的・相互構成的な関係をつくれるようにする、3）職員および患者・利用者・家族との対話の中で、施設とその活動の目的・目標を明確に説明し、その説明と職員の言動に齟齬が起きないように注意することが期待される。

　Letiche（2008）の「簡潔な行動指針」に基づくケアの組織づくりの具体的な手がかりとして、①暗黙知と形式知の相互作用を通じて組織による知の創造を促進する「知識ベース経営 knowledge-based management」（Nonaka, Toyama, and Hirata 2008）、②社会的実践に参加する個人のアイデンティティ形成と能力開発、実践変革を促進する「実践コミュニティ community of practice」（Lave and Wenger 1991; Wenger, McDermott, and Snyder 2003）、そして、③緩やかにつながった複数の主体が、各々の活動を短サイクルで分散的かつ一部即興的に結びつける「交渉されたノットワーキング negotiated knotworking」（Engeström 2008）などの考え方が参考になる。医療・福祉組織内外のさまざまな実践コミュニティの活動を、Nonaka, Toyama, and Hirata（2008）が「フロネティック・リーダーシップ phronetic leadership」と呼ぶ倫理的リーダーシップによって支援・促進し、さらにそれらを臨機応変につなぎ合わせることによって、「高信頼性組織 high reliability organization」（Weick and Sutcliffe 2015）の高度なリスク対応力と「倫理的機敏さ ethical astuteness」（Ladkin 2015）を併せもつ、イノベーティブなケアの組織づくりに取り組んでいくことが求められるだろう。

Ⅴ．むすびに代えて──クリティカル経営学習の技法としてのアートベースメソッドの可能性

　近年、欧米のビジネススクールで、演劇などさまざまなアート技法を活用したイノベーション経営の研究と教育（アートベースメソッド）への取り組みが進んでいる（Benmergui, Owens, and Pässilä 2019；川村 2021a）。Barry and Meisiek（2010）は、互換的に用いられることも多い「クラフト」と「アート」を比較検討し、前者は基本的に「到達」を、後者は基本的に「出発」を意味すると主張している。また Taylor（2013）は、リーダーシップとは人々を既存の視点から解放し自由にするアートであると論じている。これらの視点から医療・福祉の組織で管理・経営の役割を担う人々のクリティカル経営学習を考えると、それはまず、既存の医療・福祉実務の視点から自分自身を解放することを意味する。そしてさらに、既存の管理・経営実務の達人を目指すのではなく、医療・福祉のあり方を考える新たな視点を自由に探究する、終わりのない旅に出発することを示唆する。本節では主に Kawamura（2015, 2016）に依拠して、さまざまなアートベースメソッドの中で、特に演劇技法を用いたクリティカル経営学習のアプローチを検討する[3]。

　演劇技法を用いたクリティカル経営学習の一つの可能性として、学習者が Boal（2002）や Bogart and Landau（2005）などの基礎的な演技訓練を通じて、他者との相互作用の中での自らの直接的な身体感覚（視覚、聴覚、触覚などの五感）に意識を集中し、それらの身体感覚に最大限の注意を払うことを学ぶアプローチが提唱されている。学習者はそうした体験から、日常業務の中で創発する予期せぬ出来事をできる限り詳細に認識・理解し、それに基づいて自分が慣れ親しんだ従来の視点や解釈の枠組み、ルーチン化された行動を省察（Schön 1983）することによって、倫理的リーダーシップを発揮する方法を身につけることができる。Taylor（2012, 2014）によれば、リーダーシップとは特定のドメインにおける協働的創造のプロセスであり、創造への情熱 passion と、直接的な身体感覚に最大限の注意を払う「創造的マインドセット creative mind-set」が不可欠である。この創造的マインドセットを獲得することで、学習者は他者に対する自らの「地位の落とし穴 status trap」に気づき、倫理的に善い「真正なリーダーシップ authentic leadership」を発揮できる（Taylor 2013）。また、他者の感情を精緻に理解する「感情知能 emotional intelligence」（Goleman 1995）や「関係づくりの実践 relational practice」（Fletcher 2001）を含む、倫理的な対人関係スキルを発達させることができる（Stager Jacques 2013）。

　演劇技法を用いたクリティカル経営学習のもうひとつの可能性として、Boal（2002, 2008）の「フォーラム・シアター forum theatre」技法を援用して、同一組織の複数の構成員が自組織内部の倫理的問題を寸劇化し、それを他の構成員の前で上演して、その後に上演者と観客がより善い組織のあり方について議論する、「組織シアター organizational theatre」と呼ばれる集団・組織学習アプローチが提唱されている。これは、教師は学習者に問題の解決法を教えるのではなく、学習者に問題を提示して学習者が自らその構造的要因を探求する「課題提起型教育 problem-posing education」（Freire 1970）の考え方に基づいたアプローチであり、「観客参加型組織シアター active-audience organizational theatre」と呼ばれる（Meisiek 2004; Meisiek and Barry 2007）。Meisiek and Barry（2007）によれば、公になりにくい組織内の倫理的問題を、寸劇で鏡のように映し出す「鏡効果 looking glass effects」によって、組織構成員の間で寸劇という「アナロジーを媒介とする協働的探究 analogically mediated collaborative inquiries」が促進され、構成員参画型（ボトムアップ型）の組織変革が可能になる。Chemi and Kawamura（2020）は、1990年代にこのアプローチを使って営利企業や非営利組織に組織開発（活性化・変革）コンサルテーションを行ったデンマークの劇団ダカーポ DacapoTheatre の創設過程を、「身体化された認知 embodied cognition」（Varela, Thompson, and Rosch 2016; Varela, 1992）と「U理論 Theory U」（Scharmer, 2016; Senge, Scharmer, Jaworski, and Flowers 2004）の視点から分析している。そこでは、このアプローチが上演者と観客の身体を共振させ、共感にもとづく省察的な対話を生み出す可能性が示唆されている。

日本では「倫理」とは「既定の倫理的ルールやコードに単純に従う」（Wray-Bliss 2009）ことという理解が一般的であり、組織内のパワーポリティクスとそれに起因する倫理的問題を公に語ることは回避される傾向がある。このため「経営」も、非合理的な組織内パワーポリティクスを考慮せずに、組織を効率・効果的に変革する合理的・科学的手法と見なされがちである。演劇技法を用いたクリティカル経営学習は、学習者が経営と倫理についての一般的理解の束縛から自由になり、組織内の非合理的なパワーポリティクスをも考慮した倫理的リーダーシップを発揮して、組織変革過程のマネジメント（チェンジ・マネジメント）に取り組むための有益な学習法と考えられる。

注

1) Conrad and Schneider（1992）は、現代の医療が妊娠・出産、避妊、ダイエット、エクササイズ、子供の発達に関する規範の医療化など、「以前は医学的実体として定義されていなかった多くの問題をその実態の中に包み込んでいる」（Conrad and Schneider 1992；邦訳55頁）ことを指摘し、これをIllich（1976）に倣って「生活の医療化 medicalization of life」と呼んで、「逸脱の医療化」と区別している。
2) 拡張的学習と、それを含む「文化－歴史的活動理論 Cultural-Historical Activity Theory」の視点からの医療組織のイノベーション経営の可能性については川村（2013）を参照。
3) Benmergui, Owens, and Pässilä（2019）は演劇以外にもさまざまなアート技法を用いたイノベーション（経営）研究・教育の事例を紹介している。また、それ自体はアートではないがその素材として使用できるレゴ®ブロックを使って、「交渉されたノットワーキング」（Engeström 2008）を学ぶクリティカル経営学習については、Schulz, Kawamura, and Geithner（2017）を参照。

参考文献

川村尚也（2013）「知識ベース経営モデル—医療組織を事例として」太田雅晴編著『イノベーションで創る持続可能社会』中央経済社、59-74頁
川村尚也（2017a）「これからの病医院のイノベーション経営と経営人材」『医療経営白書 2017-18年版』日本医療企画、1-6頁
川村尚也（2017b）「現代日本の病院組織の特徴と経営課題—組織論とイノベーション経営の視点から」『病院』76巻3号、188-192（20-24）頁
川村尚也（2018）「（04）【討論者1】サブテーマ1：医療・福祉組織のマネジメント」『経営学論集（web版）』88集、p.D1-1-D1-3（https://doi.org/10.24472/abjaba.88.0_D1-1）
川村尚也（2021a）「終わりに—アートベースメソッドで医療・福祉のイノベーション経営を創る：日本での一つの試み」ラッケル・ベンメルグィ、アレン・オーエンズ、アンネ・パッシーラ編『アートベースメソッド』オーハシヨースケ訳、NPO法人祈りの芸術TAICHI-KIKAKU、185-197頁（電子書籍版 https://bit.ly/2OVesNm）
川村尚也（2021b）「現代日本の病院の組織マネジメントと人材マネジメントのあり方」『病院』80巻12号、1034-1037（16-19）頁
Abbott, A. (1988) The System of Professions, Chicago: The University of Chicago Press
Alvesson, M. and H. Willmott (eds.) (2003) Studying Management Critically, London: SAGE Publications
Barry, D. and Meisiek, S. (2010) The art of leadership and its fine art shadow, Leadership, 6 (3), pp.331-349

Benmergui, R., Owens, A., and Pässilä, A.（Eds.）（2019）*Beyond Text: Art-Based Method for Research, Assessment and Evaluation*, Beyond Text Partnership EU（電子書籍版 https://beyondtext.weebly.com/、邦訳電子書籍版：オーハシヨースケ訳（2021）『アートベースメソッド』NPO法人祈りの芸術 TAICHI-KIKAKU、https://bit.ly/2OVesNm）

Blau, P.M. and Scott, W. R.（1962）*Formal Organizations: A Comparative Approach*, San Francisco: Chandler

Boal, A.（2002）*Games for Actors and Non-actors*, 2nd ed., translated by Jackson A., London and New York: Routledge

Boal, A.（2008）*Theatre of the Oppressed*, London: Pluto Press（里見実・佐伯隆幸・三橋修訳（1984）『被抑圧者の演劇』晶文社）

Bogart, A. and Landau, T.（2005）*The Viewpoints Book: A Practical Guide to Viewpoints and Composition*, New York: Theatre Communication Group

Chambliss, D.F.（1996）*Beyond Caring: Hospitals, Nurses, and the Social Organization of Ethics,* Chicago: The University of Chicago Press（浅野祐子訳（2002）『ケアの向こう側―看護職が直面する道徳的・倫理的矛盾』日本看護協会出版会）

Chemi, T. and Kawamura, T.（2020）A new space of possibilities": the Origins of Dacapo Theatre, *Organizational Aesthetics*, 9（3）, pp.9-28（https://oa.journals.publicknowledgeproject.org/index.php/oa/article/view/160/160）

Conrad, P.（2007）*The Medicalization of Society: On the Transformation of Human Conditions into Treatable Disorders*, Baltimore, USA: The Johns Hopkins University Press

Conrad, P. and Schneider, J.W.（1992）*Deviance and Medicalization: From Badness to Sickness*, expanded ed., Philadelphia: Temple University Press（進藤雄三（監訳）杉田聡・近藤正英訳（2003）『逸脱と医療化―悪から病いへ』ミネルヴァ書房）

Engeström, Y.（1987）*Learning by Expanding: An Activity-theoretical Approach to Developmental Research*, Helsinki: Orienta-Konsultit（山住勝広訳（2020）『拡張による学習 完訳増補版―発達研究への活動理論からのアプローチ』新曜社）

Engeström, Y.（2008）*From Teams to Knots*, Cambridge: Cambridge University Press（山住勝広・山住勝利・蓮見二郎訳（2013）『ノットワークする活動理論―チームから結び目へ』新曜社）

Etzioni, A.（1964）*Modern Organizations*, Englewood Cliffs, USA: Prentice-Hall（渡瀬浩訳（1967）『現代組織論』至誠堂）

Fletcher, J.K.（2001）*Disappearing Acts: Gender, Power and Relational Practice at Work*, The MIT Press

Freidson, E.（1970）*Professional Dominance: The Social Structure of Medical Care*, New York: Aldine（進藤雄三・宝月誠訳（1992）『医療と専門家支配』恒星社厚生閣）

Freire, P.（1970）*Pedagogy of the Oppressed*, translated by Ramos, M.B., Penguin Books（三砂ちづる訳（2018）『被抑圧者の教育学―50周年記念版』亜紀書房）

Goleman, D.（1995）*Emotional intelligence*, New York, NY: Bantam Books

Good, B.J.（1994）*Medicine, Rationality, and Experience: An Anthropological Perspective*, Cambridge: Cambridge University Press（江口重幸・五木田紳・下地明友・大月康義・三脇康生訳（2001）『医療・合理性・経験―バイロン・グッドの医療人類学講義』誠信書房）

Groopman, J.（2007）*How Doctors Think*, Boston: Houghton Mifflin Company（美沢恵子訳（2011）『医者は現場でどう考えるか How Doctors Think』石風社）

Habermas, J.（1984）*The Theory of Communicative Action. Volume 1: Reason and the Rationalization of Society*, London: Heinemann（河上倫逸ほか訳（1985）『コミュニケイション的行為の理論（上）』未来社）

Habermas, J.（1987）*The Theory of Communicative Action. Volume 2: Lifeworld and System: A Critique of Functionalist Reason*, London: Heinemann（河上倫逸ほか訳（1987）『コミュニケイション的行為の理論（下）』未来社）

Hayek, F.A.（1952）*The Counter-revolution of Science: Studies on the Abuse of Reason,*

Glencoe, USA: Free Press（佐藤茂行訳（1979）『科学による反革命—理性の濫用』木鐸社）

Illich, I.（1976）*Limits to Medicine: Medical Nemesis; The Expropriation of Health*, Harmondsworth, New York: Penguin（金子嗣郎訳（1998）『脱病院化社会—医療の限界』晶文社）

Kawamura, T.（2015）Facilitating expansive learning and developmental work research at health/social care organizations through arts-mediated critical management learning, paper presented at the 31st European Group for Organization Studies Colloquium, Athens, Greece

Kawamura, T.（2016）Evaluating the effects of arts-mediated workshops on the critical management learning for health/social care professionals and managers in Japan, paper presented at 2016 annual conference of the European Academy of Management, Créteil, France

Kawamura, T. and Letiche, H.（2013）Managing knowledge-creating healthcare organization (s) - A communitarian model and its ethical foundations, paper presented at Asia-Pacific Researchers in Organisation Studies 15 Colloquium, Tokyo, Japan

Kleinman, A.（1988）*The Illness Narratives: Suffering, Healing, and the Human Condition*, New York: Basic Books（江口重幸・五木田紳・上野豪志訳（1996）『病の語り—慢性の病いをめぐる臨床人類学』誠信書房）

Ladkin, D.（2015）*Mastering the Ethical Dimensions of Organizations*, Cheltenham, UK: Edward Elgar Publishing

Larson, M.S.（1977）*The Rise of Professionalism: A Sociological Analysis*, Berkeley, USA: University of California Press

Lave, J. and Wenger, E.（1991）*Situated Learning: Legitimate Peripheral Participation*, Cambridge: Cambridge University Press（佐伯胖訳（1993）『状況に埋め込まれた学習—正統的周辺参加』産業図書）

Letiche, H.（2008）*Making Healthcare Care: Managing Via Simple Guiding Principles*, Charlotte, USA: Information Age Publishing Inc

Litwak, E.（1961）Models of bureaucracy which permit conflict, *The American Journal of Sociology*, 67, pp.177-184

Macdonald, K.M.（1995）*The Sociology of the Professions*, London: SAGE Publications

Meisiek, S.（2004）Which Catharsis Do They Mean? Aristotle, Moreno, Boal and Organization Theatre, *Organization Studies*, 25(5), pp.797-816

Meisiek, S. and Barry D.（2007）Through the Looking Glass of Organizational Theatre: Analogically Mediated Inquiry in Organizations, *Organization Studies*, 28 (12), pp.1805-1827

Mintzberg, H.（1989）*Mintzberg on Management - Inside Our Strange World of Organizations*, New York: Free Press（北野利信訳（1991）『人間感覚のマネジメント—行き過ぎた合理主義への抗議』ダイヤモンド社）

Nonaka, I., Toyama, R., and Hirata, T.（2008）*Managing Flow: a Process Theory of the Knowledge-Based Firm*, Basingstoke, UK: Palgrave Macmillan（野中郁次郎・遠山亮子・平田透著（2010）『流れを経営する』東洋経済新報社）

Parker, M.（2002）*Against Management: Organization in the Age of Managerialism*, Cambridge: Polity Press

Perrow, C.A.（1971）*Organizational Analysis: A Sociological View*, London: Tavistock Publications

Popper, K.R.（1959）*The Logic of Scientific Discovery*, London: Hutchinson（大内義一・森博訳（1971）『科学的発見の論理』恒星社厚生閣）

Scharmer, C.O.（2016）*Theory U: Leading from the Future as it Emerges. The Social Technology of Presencing*, 2nd ed., Oakland, CA: Berrett-Koehler Publishers, Inc.（中土井僚・由佐美加子訳（2017）『U理論—過去や偏見にとらわれず、本当に必要な「変化」を生み出す技術 第二版』英治出版）

Schulz, K.P., Kawamura, T. and Geithner, S.（2017）Enabling sustainable development in health care through art-based mediation, *Journal of Cleaner Production*, 140（2017）, pp.1914-1925（https://doi.org/10.1016/

j.jclepro.2016.08.158)

Scott, W.R. (1965) Reactions to Supervision in a Heteronomous Professional Organization, *Administrative Science Quarterly*, 10, June, pp.65-81

Scott, W.R. (1982) Managing Professional Work: Three Models of Control for Health Organizations, *Health Services Research*, 17 (3), pp.213-224

Scott, W.R., Ruef, M., Mendel, P. J. and Caronna, C.A. (2000) *Institutional Change and Healthcare Organizations: From Professional Dominance to Managed Care*, Chicago: The University of Chicago Press

Schön, D.A. (1983) *The Reflective Practitioner*, New York: Basic Books（柳沢昌一・三輪建二訳（2007）『省察的実践とは何か―プロフェッショナルの行為と思考』鳳書房）

Senge, P., Scharmer, C.O., Jaworski, J., and Flowers, B.S. (2004) *Presence: Exploring Profound Change in People, Organization, and Society*, Doubleday（高遠裕子訳（2006）『出現する未来』講談社）

Smith, H.L. (1955) Two Lines of Authority: The Hospital's Dilemma, *Modern Hospital*, 84, pp.59-64

Stager Jacques, L. (2013) Borrowing from Professional Theatre Training to Build Essential Skills in Organization Development Consultants, *Journal of Applied Behavioral Science*, 49 (2), pp.246-262.

Taylor, S.S. (2012) *Leadership Craft, Leadership Art*, NY: Palgrave Macmillan

Taylor, S.S. (2013) Authentic Leadership and the Status Trap, in Ladkin, D. and Spiller, C. (Eds.) *Authentic Leadership: Concepts, Coalescences and Clashes*, Edward Elger

Taylor, S.S. (2014) *You're a Genius: Using Reflective Practice to Master the Craft of Leadership*, Createspace

Thompson, J.D. (1967) *Organizations in Action*, New York: McGraw-Hill（大月博司・広田俊郎訳（2012）『行為する組織―組織と管理の理論についての社会科学的基盤』同文舘出版）

Varela, F.J. (1992) *Ethical Know-How: Action, Wisdom, and Cognition*, Stanford University Press

Varela, F.J., Thompson, E., and Rosch, E. (2016) *The Embodied Mind: Cognitive Science and Human Experience*, revised ed., MIT Press（田中靖夫訳（2001）『身体化された心―仏教思想からのエナクティブ・アプローチ』工作舎）

Wray-Bliss, E. (2009) Ethics: Critique, Ambivalence, and Infinite Responsibilities (Unmet), in Alvesson, M., Bridgman T., and Willmott, H. (Eds.) *The Oxford Handbook of Critical Management Studies*, Oxford: Oxford University Press, pp.267-285

Weick, K.E. and Sutcliffe, K. M. (2015) *Managing the Unexpected: Sustained Performance in a Complex World*, 3rd ed., Hoboken, NJ: John Wiley & Sons, Inc.（中西晶監修、杉原大輔ほか高信頼性組織研究会訳（2017）『想定外のマネジメント―高信頼性組織とは何か 第3版』文眞堂）

Wenger, E., McDermott, R. and Snyder, W.M. (2002) *Cultivating Communities of Practice: A Guide to Managing Knowledge*, Boston: Harvard University Press（野村恭彦監訳、櫻井祐子訳（2002）『コミュニティ・オブ・プラクティス―ナレッジ社会の新たな知識形態の実践』翔泳社）

Wilensky, H.L. (1964) The Professionalization of Everyone?, *The American Journal of Sociology*, 70 (2), pp.137-158.

第2章

「消費者モデル」の医療・福祉サービス
——その限界と「連帯モデル」に向けて

Ⅰ. はじめに

　2020年、2021年は新型コロナウイルス感染拡大によって、その原因はいまだあきらかではないものの日本の医療に対して過剰な負荷がかかった。特に第3波や第4波といわれる、2020年12月ごろからと2021年4月ごろからの都市部での患者数の増加に対しては、各地において医療供給体制が十分に対応できなくなったことが報道された。さらには2021年7月ごろからのいわゆる第5波においては、7月末で高齢者を中心に全人口の約30%のワクチン接種率にもかかわらず、ワクチン非接種の若年層を中心に感染者が急増した。若年層とはいえ感染者の増加にともない重症者数も増加したため、医療供給体制に再度過度の負荷がかかったといわれている。一方、食事、排せつ、入浴などの人が生きるうえで基本となる行動を介助する福祉の現場においても、感染拡大にともなっていくつかのクラスターが発生したことが報じられた。すなわち、今回の新型コロナ感染拡大によって、現代日本社会における医療・福祉サービスの現場がパンデミックに対して高いリスクを負っていることが浮き彫りになった。

　ヒューマン・サービスといわれるように、人を対象とする医療・福祉の現場では、対象が生物学的にも社会学的にも多様であるという性質上、不確実性を常にともなっている。また、サービス提供もそれぞれの担当者が状況を認知、判断、実行することになるので、結果にある程度

のばらつきは出てくるのは当然である。そのため本来、医療・福祉サービスでは、ヒューマンエラーやシステムエラー、さらにはパンデミックなどのいわゆる想定を超えた社会・自然事象にも対応できる冗長性のあるシステム構築やマネジメントが要求されるはずである。しかし、現実にはラワース（2018）が「今や世界中の病院で、患者と医者が互いに顧客とサービス提供者として向かい合うようになってしまった」と指摘するように、消費者モデルの医療・福祉サービスになっていることは否定できない。

　この章では、医療・福祉が消費者モデルになった過程を歴史的かつグローバルな政策、経済システムの流れから読み解きつつ、消費者モデルの限界を考察するとともに、その対応と新たな医療・福祉サービスについて、幅広い経営学領域から考察する。なお、ここでは特定しない場合には、医療・福祉にかかわるサービスをヘルスケア・サービスとし、医療における医師－患者関係をヘルスケア・サービス全般に拡張してプロバイダー－クライアント関係としてとらえる。

II．消費者モデルのヘルスケアとそのサービス・プロセス

1．医師－患者関係モデル

　医療は、自然科学としての医学を基本にした実践であり、医師という人を介して、患者という人にサービスを提供する。したがって、サービス提供に関する医師－患者関係は、医療を実践するうえにおいては必然的に複雑かつ重要な意味を持っている。

　筆者が整形外科医として診察や手術を行っている病院には、雑誌や新聞の情報をもとに直ちに手術を求める患者が来院されることがある。しかし、現実には手術に至るまでの過程は、診察や患者本人、家族との対話を通して、痛みの程度や制限されている行動範囲や生活の内容、さらには希望する生活レベル等を十分に共有したうえで、リハビリテーションなども行いながら手術に至るのが通常の経過である。

　例えば、70歳代、80歳代の女性患者に、その娘さんが付き添って来

られる場合を想定してみよう。筆者が治療方法として手術の説明を行うと、不安のため手術に躊躇している母親に対して、娘さんが「お母さんが手術してでも自立して生活してくれないと私の仕事にも影響が出るわ」と言って、積極的に治療法の選択に関与されることが多い。すなわち、診察では身体情報を得るだけでなく、このような患者自身や家族も含めた対話から、家族構成や家族間の関係、また患者自身の日々の活動程度および生活する背景を探りつつ、患者を含めたその家族などの関係者との関係性も考慮しながら治療計画についての合意を形成していくのである。したがって、初診時に手術を決定する場合もあれば数カ月から数年間の経過の中で手術に至る場合もあるが、それは必ずしも症状が進行したからではなく、医師や家族との関係性のなかでの患者本人の意思が固まったことが理由のこともある。

　外科医のガワンデ（2016）は、泌尿器科医の父親が脊髄腫瘍の治療のために自分自身が父親に付き添って、2人の脳神経外科医を受診した際の自らの感情を述べている。ひとりは、他領域とはいえ医師であるガワンデや彼の父親の治療に関する質問には具体的に答えようとせずに権威的に対応した医師で、もうひとりは患者である父親と目線を合わせながら父親のことをもっと知ろうと努力している医師である。引き続いて、ガワンデは自らの学生時代に Emanuel & Emanuel（1992）の論文を読まされ、医師と患者との人間関係について考えさせられたことを述べている。

　Emanuel & Emanuel は、医師－患者関係を4つにモデル化した。第1のモデルは、家父長的な（Paternalistic）関係である。医学の権威を医師が体現し、患者にとって最善である可能性が高いとその医師が考える選択を患者に説得するのである。猪飼（2010）は、この医師の権威の源泉は秘儀的専門性にあり、その権威が社会的に承認されたのは専門職化と統一団体が結成され、医療の実践の場が病院になった「病院の世紀」が前提条件であることを指摘している。

　第2のモデルは、情報提供的（Informative）モデルであるが、科学モデルや消費者モデルともいわれている。このモデルでは、医師は患者に

対して患者の疾患や予後について、不確実な要素も含めて、情報を提供する。その提供された情報に基づき、患者は自律的に医学的な意思決定ができるというコンセプトである。このモデルでは患者は、自分にとっての価値は非常によくわかっており、医師の役割は事実を提供することであると仮定されている。すなわち、医師は専門技術者で、患者は消費者として医師から提供された情報に基づいて自ら自律的に選択を決断することになる。

　第3のモデルは、解釈的（Interpretive）モデルである。ガワンデが自らの経験でも明らかにしているように、人は情報に基づいて自律的に意思決定を望むが、同時にアドバイスも必要とすることがある。この医師−患者関係では、情報提供的モデルに加えて患者にとっての本当の価値や望みを探索し、ときには不明確で変動するものとして、対話を通して医師−患者関係を再構築しようとするのである。したがって、医師は患者の人生を物語として認識し、患者にとっての価値や優先したいことを理解したうえで、どのような治療が最善かを決定することになる。しかし、医師は決して方針を強制することはなく、最終的な意思決定は患者自身が行う。

　第4のモデルは、審議的（Deliberative）モデルである。このモデルは対話、審議を通して患者自身が選択できる価値を見出すとともに治療方針を自律的に選択する。もちろん、医師は患者の選択した方針に従って医学的、倫理的に関与することになる。

２．ヘルスケア・サービスでの消費者モデルの確立と変遷

　ヘルスケア・サービスが消費者モデルとしてみなされるようになったのは、医師が医療提供者、患者が消費者として表現されるようになった20世紀後半からだと考えられている。背景には、患者の自律的、主体的に医学的な選択、決定する権利が確認されるようになり、アメリカにおいて1972年のCanterbury Caseといわれる裁判の結果、インフォームドコンセントが医療現場に普及したことがある[1]。また、猪飼（2010）が医師の権威がその専門職化と密接に関係していることを指摘しながら

も、20世紀後半にセカンドオピニオン（グループマン 2001）を求めるようになったことは、医師－患者関係を消費者モデルとしてとらえるものであると指摘している。

　一方、この時代はイギリス、アメリカにおいて政策的には新自由主義経済に移行し始めた時期に当たる。すなわち、イギリスにおいては、第二次大戦後、医療制度はじめ社会保障制度の充実を図っていたが、その国家予算に対する過大な影響も出始め、1979年からのサッチャー保守党政権では、医療制度改革が始められた。森（2008）によると、この改革では、医療というサービスを提供するプロバイダーと、それを購入する患者を消費者とみなし、不完全ながらも市場競争の要素を取り入れることによってNHS（National Health Service）に効率性を求めた。しかしながら、現実には国全体としての健康や保健に関する指標は悪化したのである。その後、1997年にはブレア労働党政権がPFI（Public Finance Initiative）などを利用して民間事業者との協働で公的事業を運営するNew Public Managementを医療制度にも取り入れながら医療の質を保ち、非効率にならない医療制度を構築しようと取り組み、現在でもその延長でNHSの改革は進められている。

　アメリカにおいても第二次世界大戦前の大恐慌に対するニューディール政策などケインズ主義的政策を経て、1960年代にはケネディ、ジョンソン民主党政権によって、メディケアやメディケイドの医療給付制度を確立した。しかし、ベトナム戦争や生産性の低下などに伴う1970年代の財政危機から1980年のレーガン大統領登場以降は、国家の予算削減、規制緩和を通して、新自由主義経済に移行していった。

　日本でも同様に20世紀末から21世紀にかけて人口構造の急速な変化と医療の高度化に伴い、社会保障費の増加に歯止めがかからなくなり、医療はじめ社会保障費の過度の拡大を抑制する必要にせまられた。すなわち、1961年の国民皆保険達成後、1973年の70歳以上の医療費無料化などの国家としての福祉充実への方向は、1983年の老人一部負担金の導入や1985年の第1次医療法改正をはじめ、1997年の第3次医療法改正までに、大きくその方向が転換された。2000年には医療保険とは別

に介護保険制度が開始され、費用の原資は保険料と公費であるものの、サービス提供者として営利企業が参入できるようになった。これらの社会保障制度の方向転換は、1980年代の国鉄民営化やビッグバンと呼ばれる金融システム改革などの1990年代の規制緩和によって新自由主義的な政策に変わるとともに消費者としての権利が重視されるようになってきたこともその大きな流れとして注目しなければならない。

　すなわち、社会に生きる市民に対する権利・保障であるはずの医療・福祉サービスが、以上のような各国での社会変化にともない、市場と消費者としてとらえられるようになったのである。

3．消費者モデルによるヘルスケア・サービス事業

　ヘルスケアが消費者モデルとしてとらえられると、産業として資本が参入し、その結果自ら拡張するためにクライアントを求めるようになる。

　例えば、メディカルツーリズムは、ヘルスケア・サービスを消費者モデルととらえられるようになるとともに収益をあげられる産業として、国境を越えてクライアントを求めるようになったビジネスモデルである。歴史的には、富裕層が医療レベルの高い欧米の病院に行って治療を受けていたようであるが、そのような形態のメディカルツーリズムは現在では欧米の病院だけではなく、富裕層を対象としたインドやアジアの病院についても見られる。その一方で、逆に自国では医療費が高いために医療費の安い発展途上国に手術を受けに行ったり、美容整形や性転換手術などの特殊な領域の医療を受けるために国をまたいで移動したりする人々もいる。特に発展途上国では、外貨収入のための国家戦略としてメディカルツーリズムを支援している国も存在している。しかしながら、コアサービスである医療者のスキルは、現在では世界的にほぼ同じ水準に到達しているといえる。コアサービスとしての医療が同じ程度の質で受けることができる以上、発展途上国では人件費等のコストの安さから、豪華な病室や空港からの送迎など補完サービスの充実がメディカルツーリズムでの強みになっている（Pocock and Phua 2011）。

しかし、1990 年代から東南アジアでメディカルツーリズムのひとつのハブとなっていたシンガポールでは、2018 年に公的病院への海外からのメディカルツーリズム患者の受け入れは政府によって打ち切られた。理由は高齢化等で自国民の医療需要には十分には対応できていない状況で、公的医療機関の希少な医療資源を自国民以外に提供することは優先すべきはないということである。医療・福祉での消費者モデルのひとつの典型例とみなされるメディカルツーリズムであるが、医療・福祉が国家の社会保障制度の根幹であることは見逃してはいけないということを再認識させられる方針転換である。

Ⅲ．消費者モデルの限界

1．「知」の意味の違いにともなう二元論的取引関係の限界

　消費者としての患者の権利が社会的、法的に確立されるとともに、プロバイダーも対応しなければならなくなってきた。Evidence-based Medicine（EBM）についての大家であるミュア・グレイ（2004）は、患者も医療提供者と同じ情報源にアクセスできるようになってきたことを強調し、家父長的な医師－患者関係でのお互いの役割は時代には合わなくなっていることを指摘している。

　しかしながら、ガーゲン（2004）は実証研究に基づく「知」は、あるコミュニティーの内部でのみ歴史的、文化的に通じる理論であり、「私たちが世界や自己を理解するために用いる言葉は、『事実』によって規定されず」、「記述や説明、そしてあらゆる表現の形式は、人々の関係から意味を与えられる」と社会構成主義の立場から批判を展開している。すなわち、その「知」を関係性からとらえなければならない以上、家父長的な関係も、消費者モデルの関係も成り立たないか、成り立ったとしても非常に不安定なものだといえる。ガーゲンはさらに、社会構成主義ではこのような異なるコミュニティーをつなぐのは対話であり、とりわけ啓蒙主義のもとで「個人主義的にとらえられてきた自己」から、自己／他者という二分法ではなく、「関係性の中の存在」として対話するこ

とによって権力関係も解消できると考えている。すなわち、関係性を考慮しない「知」の伝達は、その意味において限界があるといえる。

2．情報の非対称性と情報解釈力の限界

　EBM は、本来は情報提供的な医師‒患者関係を推し進めるものではない。すなわち、南郷（2017）が医療関係者の EBM に関する誤解として、エビデンスと EBM を混同していること、「統計学的な有意差」と「臨床上意味ある違い」を混同していること、「エビデンス至上主義」に陥ってしまっていることなどを指摘している。EBM は、南郷によるとその実践において、エビデンス、患者の症状や周囲を取り巻く環境、患者の意向や価値観、医療者の臨床経験の4つの要素が影響するのである。

　すなわち、医師としての役割は、医師‒患者という関係の中で医療の伝統を代表するのではなく、それぞれのコミュニティーに埋め込まれた伝統の橋渡しをしていると考えられる。このとき、医師が解釈しているのは医療の伝統を患者に解釈しているだけではなく、患者が生きている伝統も解釈していることになる。第1節で例示した筆者自身の手術患者の例では、筆者の役割は医療の伝統を患者に伝えるのではなく、医療と患者の歴史的・文化的な人生との関係性において対話しているのである。さらにいえば、クライアントがインターネット等を通して医療に関する情報を容易に収集することができるようになればなるほど、むしろそれらの情報を取捨選択し、状況に応じて解釈する能力が不可欠になる。その能力が専門家としてのプロバイダーに求められており、単なる情報の羅列ではクライアントにとっては何ら意味をなさないのは当然である。

3．二元論的プロバーダー‒クライアント関係の限界

　医師‒患者関係においてはすでに 1980 年代に医師で医療人類学者のクラインマン（Kleinman 1988；クラインマン 1996）が、医師の役割を患者との関係性から注目している。すなわち、臨床家が目の前にいる患者

の病いの語りを解釈することは、医者をすることの核心であり、患者が医者の診察を受けようと決心することはその解釈を求めているのだと指摘している。現実には、医療・福祉の現場では、プロバイダーとクライアントとの関係においてプロバイダーが解釈的な役割を担っている業務形態は少なくない。

チームドクターとしてある特定のスポーツチームに帯同しているスポーツドクターは、そのスポーツの特性を理解し、医療の対象となる選手だけでなく、選手以外にチームを運営する多くのステークホルダーとの関係性の中で選手の治療にかかわることが求められる。場合によっては、チームドクターはチームの一員として、多様な専門医との連携を図ることもその業務のひとつになる。しかし、視点を広げると、患者およびその家族と長期間にわたって対話しながら医療を進める在宅医や訪問看護、訪問介護、人生の終の棲家となる特別養護老人ホームなどの介護施設など、医療・福祉では多くの業務がこのように解釈的な関係性を構築し、クライアントと協働しなければならないことが非常に多いことが理解できる。

なお、患者コミュニティーはクラインマン（1996：日本語版への序文）が述べているように、時代、場所によって広まっているイメージとしての文化的表象、特定のローカルで共有されている集合的経験、前二者との相互作用によって形作られる個人的経験の枠組みで構成されているといえる。したがって、クラインマンのいう生物・心理・社会的（Biopsychosocial）モデルにおいては、患者の疾患は身体と自己と社会とのダイナミックに変化する連結ネットワークのなかでとらえなければならない。すなわち、プロバイダー－クライアント関係は、静的な二元論ではとらえきれないのである。

4．医療の不確実性にともなう消費者モデルの限界

現在の医師－患者関係において治療方針決定に至る過程は、診断から直接的に医師ひとりで決められることはほとんどない。すなわち、統計学的データなどの医療コミュニティーの情報収集や個別の患者およびそ

のコミュニティーの情報収集から始まり、医師による情報の取捨選択、認識、続いて判断、合意形成そして行為という過程になる。したがって、情報は医師の所属するコミュニティーとの関係や患者との対話を中心にした関係性の中で収集される。統計学的に判断をする以上、現在の医療には不確実性がともなうことは不可避なのである。

　現在では、予測外の結果が生じた場合には患者は容易にプロバイダーに対する対決的な権力を獲得することができる。この権力は司法権力やメディアの権力が典型的であり、司法の場においては小松（2007）が述べているように医療コミュニティーで共有しているエビデンス等は議論の材料にも考慮されない場合もある。そのように過剰なリスクが医療者に課せられた結果が小松の提唱した「立ち去り型サボタージュ」のひとつの原因になったといえる。

　医療情報が患者にとっても容易に入手できるようになったことは、同時にSNSやメディアを通して医療情報ではなく、医療者の情報が容易に入手できるようになったことでもある。そのために二元論でとらえるところの消費者モデルが求めていた権力も入手できたといえる。残念ながらその結果は、ある意味においては、きわめて主観的で表面的な情報に基づく医療者や医療施設に対する非難や価値のないドクターショッピングなど、医療現場との対立を生み出し、医療者に対して疲弊と無力感をもたらしているだけなのである。

5.「稀な」疾患、症状に対する消費者モデルの限界

　先日、ある国際スポーツ大会において筆者が経験した非常に「稀な」症状を呈したあるスポーツ選手の例を挙げる。筆者は、そのスポーツ大会主催者の医事委員として参加選手の安全管理に携わっていた。順調に競技は進行していたが、ある国のチームドクターがその国の選手に関して、競技が継続できなくなったので、公式に必要な判断と手続きをしてほしいと競技場で依頼してきた。筆者は、競技中の何らかの怪我で競技続行が不可能になったのだろうと考え、選手本人に確認に行った。ところが、帯同しているチームドクターが言うには、怪我ではないという。

原因は「強度の不安」（Severe Anxiety）によって、本人自身安全性が確保できず競技が実行できないのだということだった。あきらかに、近年までのスポーツ医学では考慮してこなかった選手の心理状態であり、国際スポーツ大会での競技不履行の想定した理由ではなかった。あるいは、疾患としてとらえることのできない症状ともいえる。もっといえば、メディアを通したこの選手に対する国民はじめ関係者の期待など、この選手の置かれているあらゆる環境がこの「強度の不安」の原因である可能性もあり、適切な時間内で医療も含めた適切な解決策が見いだせるかどうかは予測することすらできない症状といえる。

　すなわち、消費者モデルのプロバイダー－クライアント関係では、当然プロバイダーがクライアントの抱える症状に対して解決策がどのような形であれ提示されることが前提であり、情報の源泉として医学論文などが参考になる。しかし、この選手の場合は果たして誰が解決策を提示できるのか、関連する領域も含めた学術領域に答えを見つけ出せるのかなど、医療知識を基にした消費者モデルでは対応できないのである。

IV. 「消費者モデル」から「連帯モデル」の　　ヘルスケア・サービスへ

1. コミュニティー内外の連帯によるヘルスケア・サービス

　医療・福祉サービス提供は、超高齢社会となった日本では疾患の治療を目指す「医学モデル」から、「地域包括ケアシステム」などに特徴づけられるように生活の場で受けられる「生活モデル」に移行しようとしている。すなわち、クライアントのコミュニティーとの関係をつなぐことは、プロバイダーにとっても努力を要するものの不可欠になるのである。

　そこで、ここではヘルスケア・サービスを社会と市民との関係からとらえる「連帯モデル」として、プロバイダーの役割を「関係性」からとらえることを考えてみる。すなわち、プロバイダー－クライアント関係を、日々刻々と情報が変化する医療コミュニティーにいるプロバイダー

と、一方でメディアを通してある程度の医療情報を有し、さらには司法や社会保障制度などを含む社会・経済システムに規定されながらもそれらが日々変化するコミュニティーにいるクライアントとのあいだで、お互いが対峙しながらもお互いに包摂されているととらえるのである。したがって、プロバイダーは、情報を提供するだけではなく、その情報がクライアントにとってどのような意味や価値があるのかを、クライアントとクライアントのコミュニティーとの関係から柔軟に解釈していくことが求められる。

　例を挙げると、筆者の病院は神戸市にあり、クリニカルパス[2)]で標準的な手術後の入院期間やその後のリハビリテーションや通院スケジュールを作成している。これを手術前に説明し、患者と共有しておくことがクリニカルパスから逸脱を減らすポイントのひとつになると理解されている。なかには「私の家は、バス停から階段を40段上がらなければならないのですが、このクリニカルパスで大丈夫でしょうか?」と質問する人も当然ながらいる。そのため、筆者は仕事が休みの時にはその人の住所まで歩いていき、バス路線の状況やバス停からの道路などの状況を見に行った。確かに神戸は坂道の多い街で、個々の患者の生活環境に応じてクリニカルパスの柔軟な運用が必要になることも考慮しておかなければならない。

　医師－患者関係を関係性からとらえようとしているのは、前述のクラインマンや社会構成主義に基づくガーゲンなどがいる。また、アメリカのクリーブランドクリニックやジョンズ・ホプキンス大学などでは、Patient-centered Care からさらに推し進めて Relationship-centered Care という概念が提唱され、医療者向けのトレーニングプログラムも提供されている (Beach and Inui 2006; Windover 2016)。その中でも医療者と患者との関係だけでなく、医療者間の関係や患者コミュニティーとの関係を重視する視点が強調されるようになってきている。残念ながら、これら欧米の文献では、二元論に基づいていかに相手との関係を築いていくかという方法論に終始しているのである。

　鈴木大拙 (2016) が指摘するように、西洋のような主観と客観や自己

と非自己という二元論ではなく、東洋では伝統的に論理的思考では概念化できない非二元論的関係がある。ガーゲン（2009）が社会における自己を Relational Being（関係する存在としての自己）として Bounded Being（領域を持つ存在としての自己）の対称としてとらえているが、鈴木大拙による東洋の自己のとらえ方は Being Relational（関係付けられた存在としての自己）になるのだろう。コミュニティーにおいて Being Relational ととらえると、医療・福祉に関するプロバイダーとクライアントの関係は、消費者モデルとして二元論的にも情報の有無による権力関係からはもはやとらえることはできなくなるのである。つまり、お互いのコミュニティー内外での連帯が不可欠になり、それがまさにヘルスケア・サービスに求められているのである。具体的には、例えば地域医療のプロバイダーであれば、地域内の経済状況や人や家族間のつながりなども含めたコミュニティーの状況を把握していることが求められるのである。

　先に紹介した「強度の不安」によって競技が実行できなくなった選手は、チームドクターを介して当然、心理療法専門家のカウンセリングも施行されたが、そのほかに SNS を通して交流のある有名スポーツ選手やセレブリティーからの賛同的なメッセージもあり、いくぶん不安を残したままではあるものの、数日後にはその国際スポーツ大会に復帰した。筆者の医師としての役割は、その選手との対話を通して競技復帰の安全性を保障することであった。すなわち、対話ではその選手の置かれているコミュニティーと選手の状況を理解することが不可欠であり、それはプロバイダー－クライアント関係という二元論ではなく、医師でありながらも自分自身にエンパシーを持って選手と同じコミュニティーに置いてみることによってのみ理解できるといえよう。

　さらに先日電話対応し、地域の他の医療施設での治療継続を勧めたある男性患者の例を紹介する。現在 74 歳のその方は、すでに仕事を引退して 10 年経過しており、引退後には股関節などの手術を受けたものの、手術後は山登りを定期的に楽しみ、日々の活動には身体的にはなんら最近まで支障はきたしていなかった。しかし、数カ月前から下肢のし

びれを生じるようになり、1カ月前に筆者の病院で腰椎の専門医による手術を受けた。その後、本人の回復への意欲も高く、自分自身の判断のもと、手術後1カ月で毎日8000歩程度の歩行訓練を続けていたところ、5日目に臀部の筋肉痛が増強し、歩行が困難になったとのことであった。そのため、移動手段を考慮し近隣の病院に入院したと電話報告をしてきたのである。筆者はこの患者との対話のうえ、痛みの原因として過度の歩行訓練による臀部の筋肉痛と判断できたので、軽快までには2週間程度要し、生活介助等を受けられることを優先してそのまま近隣の病院での治療継続を勧めた。筆者自身は、この患者の背景、生活地域とその環境、あるいは引退して生活が可能なことや山登り等の活動レベルまで理解していたので、現在入院中の病院機能と立地等も考慮にいれて、このようなアドバイスが可能であった。すなわち、筆者とこの患者とは、筆者の医療施設で医療情報に基づいて医療サービスを提供しているだけではなく、お互いのコミュニティーを理解しており、必要な情報が共有できるとわかっていたからこそ、電話での対話を通して必要な判断ができ、必要なヘルスケア・サービスを選択できたのである。

　医師などのプロバイダーはクライアントの身体情報を収集すると同時にそのコミュニティーや他の情報も十分に理解し、多様な医療情報を単に提供する（Informative）だけでなく、それぞれの患者の価値やそのコミュニティーに応じて解釈的（Interpretive）に提供することが求められる。その際にはプロバイダー－クライアント関係は二元論を越えた、エンパシーをともなう関係に到達していることが求められる（図2-1）。

2．「連帯モデル」による医療・福祉サービスのプロセス

　一般的に医療現場において、治療行為に至るまでの過程は、医療者と患者との病歴聴取など情報共有に始まり、最終的に治療行為に至る。福祉においても生活環境の聴取から始まり、提供サービスの決定・実施に至る。すなわち、プロバイダーはまずクライアントの個人歴、生活環境、経済状況などの情報を収集し、それを認識したうえで、判断し、必要な行動を決定・実施に至るのである。判断から行動に至る段階では、

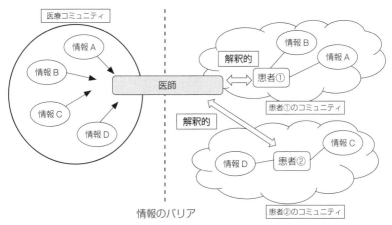

図2-1 「連帯モデル」によるプロバイダー－クライアント関係
医師などのプロバイダーはクライアントの身体情報を収集すると同時にそのコミュニティーや他の情報も十分に理解し、多様な医療情報を単に提供する（informative）だけでなく、それぞれの患者の価値やそのコミュニティーに応じて解釈的（interpretive）に提供することが求められる。その際にはプロバイダー－クライアント関係は二元論を越えたエンパシーをともなう関係に到達していることが求められる。すなわち、この図で医師の立ち位置は医療コミュニティーの中ではなく、それぞれの患者のコミュニティーとの橋渡しになっている。

必ずしも演繹的かつ合理的判断から行動が決定されるだけではなく、プロセスに参加している人間の情動が加味されることもある。

　このプロセスにおいて、情報共有という段階は、プロバイダーとクライアントの言語を介する共同作業であるが、情報を意味のあるものとして認識し、判断するという段階では、主にプロバイダーの思考になる。一般には、すでにこの段階で齟齬が生じる可能性がある。すなわち、プロバイダーとクライアントとの言語を介する情報共有の段階で、両者にとって情報の意味が完全に一致していることは稀であろう。

　次に情報共有から認識、判断という段階においてはプロフェッショナルとしてのプロバイダーの認識、判断と、当事者としてのクライアントの認識、判断とはそれぞれの思考において異なっているのは当然である。論理実証主義を基にする医療さらにはその関連領域としての福祉においては、プロバイダーとクライアントが共有できる真実としての生活状況がとらえられると考えるが、現実には多様な齟齬が生じているので

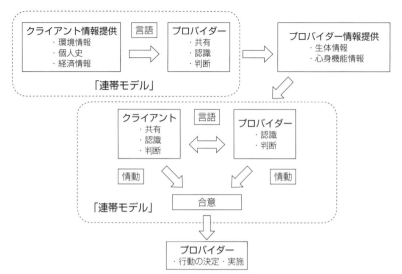

図2-2 「連帯モデル」による医療・福祉サービスのプロセス

通常、医療・福祉サービスのプロセスは、言語によるクライアント情報のプロバイダーへの提供に始まる。プロバイダーはその情報を共有したうえで、プロフェッショナルとして認識・判断を行う。しかし、言語による情報共有では認識の違い等によって齟齬が生じる可能性がある。「連帯モデル」では、相互のコミュニティーを理解することによって言語以外での情報の共有・認識を図る。さらに、プロバイダーの提供するサービスの合意段階においても言語を介する合意に至るプロセスだけではなく、相互のコミュニティーを理解している「連帯モデル」ではお互いの情動も共有したうえでの合意形成に到達しやすくなる。

ある。クライアントは、プロバイダーの理解した自らの情報や認識の程度、判断の根拠等を十分に把握できないまま、次の行動に同意しなければならないことも生じるのである。

　このような情報の共有、プロバイダーによる認識、判断という段階での齟齬は、言語を介するうえにおいては避けられないといえる。そのために、医療・福祉サービスを社会と市民との関係からとらえる「連帯モデル」では、言語を介する以外に相互のコミュニティーを理解しておくことやプロバイダーがその橋渡しとなることによって、この段階の齟齬を低減しようとするのである。また、行動を決定・実施する段階での情動もプロバイダー、クライアントともに容易に共有し受け入れやすくなる（図2-2）。

現在、各自治体で取り組まれているサービス調整会議や地域ケア会議などの多職種連携プログラムにおいても、本質的な意味は地域の住民の状況やクライアントの状況を多様なプロフェッショナルな視点から共有しておこうという目的であるが、果たして言語を介する会議からだけでエンパシーを醸成し、"put your feet into others shoes"（クライアントの身になって考える）ことができているかは、はなはだ疑問である。

3．資本主義を超えるヘルスケア・サービス

　2020年から世界中が経験した新型コロナウイルス感染のパンデミックにおいては、その対策やワクチン接種方法の違いなど、国家の対応はそれぞれの主権国家によって異なり、またメディアを含めた社会の反応が異なることは、論理実証主義でのウイルスに関する事実が発見されたとしても、それを社会に適用する場合には極めて社会的なものであることを認識しなければならないことを示した。自分自身が新型コロナウイルスに感染し集中治療室で治療を受けて首相としての執務に戻ったイギリスのボリス・ジョンソン首相は記者会見で、「社会というのは存在するのだ（There is such a thing as society）」と述べて、1980年代のサッチャー時代からの「社会というのはないのだ」（No such thing as society）というそれまでのイギリス保守党の新自由主義的イデオロギーを批判した。すなわち、医療・福祉サービスとその提供を受ける人々との関係を考える際には、プロバイダーとクライアントという二元論ではあまりにも単純すぎる視点だといえよう。

　人は、生きていくのに「安全かつ安心」できることが必要である。「安全かつ安心」とは、客観的でかつ主観的にとらえなければならない。すなわち、人それぞれ感じ方は異なり、また周囲の社会的な環境も影響するのである。さらには、「安全かつ安心」には、身体的、情緒的、経済的要素が含まれ、それらを総合的に感じ取って人は「安全かつ安心」できるのである。しかし現実には、資本主義下において取引の対象としてのヘルスケア・サービスでは、全員が「安全かつ安心」と感じることは非常に困難になっている。

プロバイダー－クライアント関係を含む医療・福祉を社会的共通資本（宇沢 2010）ととらえることができるならば、社会的連帯としてプロバイダーとクライアントがヘルスケア・サービスを超えて文脈的に相互に理解を深めることは重要である（齋藤 2004）。ただし、現在の資本主義のもとでの社会保障制度では、非営利事業とされる医療・福祉サービスにおいてさえ、営利企業がかかわる薬や手術材料などの治療材料が医療費全体の約4分の1の規模を占めており、それに付随する情報提供などのサービスに関して営利企業の介在は避けることができず、ステークホルダー個々の倫理面も含めた配慮は欠かせないといえる（岩崎 2014）。むしろ、医療・福祉が「希少性」とは不可分のサービスであるがために資本の論理に「包摂」されるのは避けられないのかもしれない（斎藤 2020）。だからこそ、社会的共通資本（宇沢 2010）や公共財（小松 2007）として資本主義とは距離をおいて、人々が「安心・安全」と感じられる一貫したヘルスケア・サービスが求められるのである。

V. おわりに

　本章では、ヘルスケア・サービスにおいては、市場と消費者という関係性から生まれた消費者モデルによる限界を克服するために、プロバイダー、クライアントがお互いのコミュニティーに包摂された社会と市民としての関係性、すなわち「連帯モデル」に基づいてヘルスケア・サービスの意味を共有することの重要性を指摘した。

　医療・福祉は、その具体的なサービス提供体制やそれを規定する社会保障制度、さらには政治経済制度とも密接に関係していることを理解したうえで、新たなプロバイダー－クライアント関係を構築することが重要である。特に2020年から2021年の新型コロナウイルス感染拡大に対して、現行の医療・福祉サービスが社会や生命の安全にきちんと役割を果たし、社会に安心した暮らしを提供できたのかを十分に検証したうえで、本章が今後の議論の一助になれば幸いである。

注

1）インフォームドコンセントの日本の医療現場での使用状況は服部（本書第3章）に詳しい。

2）クリニカルパスは、疾患ごとの典型的な治療経過を標準化し、可視化したものである。治療経過を標準化、可視化することによって、その患者の治療過程を担当者以外にも共有することができ、標準的な経過から外れた場合には標準から外れていることを担当者以外でも認知・共有することが容易になる。また、疾患ごとの治療過程を標準化することによって、診療群別包括評価（Diagnosis Procedure Combination, DPC）など診療報酬を包括化したり、病院間の治療効果の比較が可能になる。

　一方、患者固有の因子はクリニカルパスから排除される。そのため、回復の状況よりもクリニカルパスで規定された日数によって退院や転院が進められることもある。

参考文献

猪飼周平（2010）『病院の世紀』有斐閣

岩崎安伸（2014）『外科医が語る思いの医療・福祉経営』清文社

宇沢弘文（2010）「社会的共通資本としての医療を考える」宇沢弘文・鴨下重彦編『社会的共通資本としての医療』東京大学出版会、17-36頁

K. J. ガーゲン（2004）『あなたへの社会構成主義』ナカニシヤ出版

A. ガワンデ（2016）『死すべき定め──死にゆく人に何ができるか』みすず書房

A. クラインマン（1996）『病いの語り──慢性の病いをめぐる臨床人類学』誠信書房

J. グループマン（2001）『セカンド・オピニオン──患者よ、一人の医者で安心するな！』PHP研究所

J. A. ミュア・グレイ（2004）『患者は何でも知っている』中山書店

小松秀樹（2007）『医療の限界』新潮社

斎藤幸平（2020）『人新世の「資本論」』集英社

齋藤純一（2004）「社会的連帯の理由をめぐって」齋藤純一編『福祉国家／社会的連帯の理由』ミネルヴァ書房、271-308頁

鈴木大拙（2016）『アジアの社会倫理の底流と仏教思想』ノンブル社

南郷栄秀（2017）「Evidence-based medicine ──診療現場でのプロブレムの解決法」『日内会誌』106巻12号、2545-2551頁

森臨太郎（2008）『イギリス医療は問いかける──「良きバランス」へ向けた戦略』医学書院

K. ワラース（2018）『ドーナツ経済学が世界を救う──人類と地球のためのパラダイムシフト』河出書房新社

Beach, M.C. and Inui, T. (2006) Relationship-centered Care: A Constructive Reframing, *J GEN INTERN MED*, 21, pp.S3-S8

Emanuel, E.J., Emanuel, L.L. (1992) Four Models of the Physician-patient Relationship, *JAMA*, 267(16), pp.2221-2226

Gawande, A. (2014) *Being Mortal: Aging Illness, Medicine and What Matters in the End*, London: Profile Books

Gergen, K. J. (2009) *Relational being. Beyond self and community*, New York: Oxford University Press

Kleinman, A. (1988) *The Illness Narratives: Suffering, Healing and the Human Condition*, New York: Basic Books

Pocock, N.S., Phua, K.H. (2011) Medical Tourism and Policy Implications for Health Systems: A Conceptual Framework from a Comparative Study of Thailand, Singapore and Malaysia, *Globalization and Health*, 7(12)

Singapore Ends Foreign Patient Referrals to Local Hospitals（https://www.laingbuissonnews.com/imtj/news-imtj/singapore-ends-foreign-patient-referrals-to-local-hospitals/　最終アクセス2021年6月15日）

Windover, A. (2016) Birth of the R.E.D.E. Model, in Boissy, A. and Gilligan, T. (Eds.) *Communication the Cleveland Clinic Way: How to Drive a Relationship-centered Strategy for Exceptional Patient Experience*, NewYork: McGraw-Hill Education

第3章

インフォームド・コンセントの現在地

I. はじめに

　今、われわれが受療のために病院にいくと、医師による診断や検査、治療についての説明があり、その医師の説明に納得し、医師の提案に同意を告げると、診療が開始される。このような受療行動は日本では当たり前になったが、これらは日本の病院が「インフォームド・コンセント（informed consent、以下IC）」を導入しその手続きを整備した結果である。本章はもはや当たり前になったICを、今の医療にどう位置づけられるのか、あるいはそれが倫理の「すべき」問題としてどうなのかを、あらためて、われわれが考えるための材料を提供することを目的とする。

　ICとは「十分な説明を受け、理解した上での同意」で、患者が医師から検査や治療方針について情報を与えられ、十分な説明を受け、理解し納得した上で、1つひとつの検査や治療を受けることに同意することであり、医師はこの同意なしに当該処置を行ってはならない、とする考え方である。ICは、20世紀前半のアメリカの医療裁判の判決から成立してきた法理で、1970年代以降に成立したバイオエシックス研究で検討された概念である。それまでの慣習として医療は、医師が専断的に治療を決定・実施していた。しかし、アメリカの公民権運動やフェミニズム運動等の権利運動の高まりを背景に、非人道的な研究が、医学界内部やメディアによる告発を通して人々に知られることとなり、それまでのやり方は患者に対する医療パターナリズム[1]だと批判されるようになっ

た。そこで提唱されたのが「IC」である。ICには、委託する側の患者／委託される側の医師という二者関係があり、両者の間で「同意なしに介入すべきではない」という倫理的な規範が働く。その規範が「自己決定（あるいは自律）」原則である。

　20世紀後半に臨床に用いられるようになった遺伝子診断、（脳死）臓器移植技術、生殖補助医療技術、人工的生命維持機器の使用等は社会に「人間の〈いのち〉のとり扱いをどうすべきか」という倫理問題を生じさせた。その根底には、人間のいのちとは何か、人間はどうあるべきか、といった哲学的な問題が横たわる。バイオエシックスは、医学・技術の利用に伴う問題が社会問題化したことで創成した研究分野である。ICは、バイオエシックスにおいて、自己決定原則を基礎にした倫理原則として正当化され、中心概念に据えられた。また、連邦政府「患者の自己決定権法」制定（1990年）により、自己決定権を基盤とする法的手続きになったが、バイオエシックスの問題群には、そもそもICで解消できないような、複雑で解き難い医（科）学技術の問題が潜んでいる。

　日本では「科学技術」と1つの単語になっているが、科学と技術は出自が別である。科学は科学者コミュニティの承認によって成立する普遍性追求の知の体系で、日常生活から相対的には独立する。技術は日常生活に役立つ実用的な活動である。科学は自然や世界を広い意味で「知る」ことから生まれたが、技術はゆたかな生活や安定して生きるための「作る」ことから生まれた。近代になると科学と技術が急接近する。それぞれの活動が研究機関や大学、技術学校等のような場の交流を通して接続し、互いに影響を及ぼしあいながら循環関係を形成するようになった。その関係を促進させたのは、消費者や市場の期待と要請である。国家や産業はその期待と要請に応じ技術開発を促進させてきた。開発された技術は製品やサービスとして社会におかれると、人々の生活スタイルや価値観を変化させた。これらの循環関係は大規模になりグローバル化した。それに伴い複雑で計り知れない問題群が世界規模で噴出するが、その問題が噴出するわれわれが住まうこの世界の状況を見定めることはもはやだれもできない。生活の手段だった技術はいまや目的化してい

る。科学技術をめぐる幾重にもなる循環関係は、われわれの生活を駆り立てる。医科学技術をめぐる循環関係は、われわれのライフ（生命・生活）を駆り立てる。

前田は、医療技術[2]と倫理の関係を「できる（can）」と「すべき（ought to）」の関係でみると、「できる」は「すべき」の前提になり、治療技術の開発がすべき問題を生成するという構図となる。その段階ではそもそも「治療技術を開発すべきか」という問いを投げることはできるとしても、一旦肯定的に答えると「すべき」が「できる」の背後に退いてしまいふたたび主題化されることはなく、他の「べきであるか、べきでないか」という倫理問題の前提になってしまうという（前田 1998）。このことは、医学・技術が生み出す倫理問題そのものを問う「技術が開発できるからといってその開発をすべきなのか」は、われわれの社会ではほぼ封じ込められてしまうことを意味する。

医学・医療技術は古代から存在していたが、19世紀以降の生物学における生命現象の解明は医学を加速度的に変化させた。ヒトの分子レベルでの生命現象の解明は、遺伝子診断、遺伝子設計・編集技術等を開発し、「ヒト胚にゲノム（遺伝子）編集をすべきか」「遺伝子編集したヒト胚から人を創るべきか」「この患者のヒト胚に編集技術を使用すべきか」などの深遠な倫理問題を生じさせた。SFの世界を現実の世界にした医学・技術は、長い時間をかけて形成される生命観や死生観を急激に揺さぶるので、生命が一方的に操作されているという危機感を人々に与えた。当時の人々は、バイオエシックスという倫理を呼び出し、ICを医学・技術に生命を操作されない手段と、みなしていたのかもしれない。かといって、複雑で解き難い医（科）学技術の問題が解決するわけではない。医科学技術はわれわれの期待と要請が生み出したものでもあるからだ。

もはや当たり前になったICを、あらためて、われわれが考えるために、バイオエシックスがなぜ創成したのか、ICや自己決定がなぜ中心概念とされたのか、それらにいかなる限界と可能性があるのか、バイオエシックスが要請された経緯を本章は確認する。なぜなら、倫理は、そ

うした事実の確認作業から何かしらを発見（ヒューリスティック）することから始まる、と考えるからである。

II. 倫理の問い

　まず、倫理の問いについて簡単に確認しておきたい。倫理の問いの特徴は「道徳的な価値（良い・悪い）」や「すべきである」のような規範（すべき・してはならない）」を含むことにある。何が起きているのか、なぜそうなるのか、のような事実をめぐる問いとは異なる。生命倫理は、ひとの生命に対する医学・生物学の介入という事実を多角的に見定めそこから論点を整理し、そしてそれをしてよいのか（認めるのか）、してはならないのか、何をすべきなのか・すべきでないのか、に応答する営みである。倫理の問いへの応答は、自己にも他者に対しても命令性をおびる。大学生から「倫理は説教くさい」といわれることがあるが、そのとおり、教えを説くもののようでもある。「上から目線」といわれることもある。「降臨」が指し示すように、絶対的な命令の源は上にあり、生活するわれわれが下という垂直の関係がわたしたちにはあるので、命令性をおびる倫理も、上からあるいは彼岸から降りてくるようなものと感じるのかもしれない。

　古代には、「人はどうすべきか」の問いに対して、仏典、聖書、コーラン、論語などの聖人の言葉を集めた書物（経典・聖典）にある行動の規範・指針を求めるという文化が確立した。一方、同じく古代のギリシアでは、ソクラテス、プラトン、アリストテレスによって、哲学的な理論という形で、善悪の基準が理論的に研究され、問いへの応答を試みようとする学が確立した（加藤 2006）。前者がいわゆる宗教であり、後者が道徳の哲学・倫理学である。宗教は、人はどうすべきかの応答としての行動規範は、神から私たちに「神の絶対的命令すなわち『啓示』というかたちで与えたもの」（内田 1999）として説明しようとする。一方、倫理は、人はどうするのがよいのか、どうすべきか、という命令性をおびる問いを上から、あるいは、彼岸から降りてくるものでもなく、此岸

の垂直・水平・ななめなどの複雑な多層的関係のなかで、自己にも他者にも命令しうるものとして、理性で——超越者への信仰ではなく——対話的に応答しようとする。倫理の問いは、事実をめぐる問い——何が起きているのか、なぜそうなるのか——に応答する作業(時間性をもった立体的なものとして)からようやく開けてくるその地平で、論点を見つけ応答する試みを可能とするような問いである。

Ⅲ. インフォームド・コンセント

　ICはアメリカの医療裁判の判決(1957年)に登場した、医療過誤が証明できないときに医師の民事責任を追及するための造語である。ICの法理成立に寄与した複数の医療裁判では、患者の同意原則を前提に医師の開示義務が争点になっていた。長岡によると、その「理由の最大のものは、医療行為に伴う不確実性・リスクであ」り、日常的な医療行為であっても現実には種々のリスクが伴いうるため、患者が近視眼的に治療を拒否するという事態が生じうる」ので、「医療者側が、治療の利益についての情報に比べてリスク情報については手加減をして開示をする」ことが生じるからである(長岡 1998)。1960年代は、権利運動を背景に、それまでのIC判決で情報開示の基準とされていた「専門家基準」に対しても批判が高まっていた。専門家基準研究の成果は、第1に、専門家基準とされるものは実は証言台に立った医師の個人的意見である可能性が高い。第2に、医師側の「沈黙の陰謀」により証言に立つ医師を見つけるのが困難である。第3に、患者にとって重要な(material)情報が開示されなければならない。あるリスクが重要か否かは、それを知っておれば患者が異なる意思決定をしたであろうか否かによって決定される。第4に、患者一人ひとりにとっての個々の情報の重要性を判断するのは医師にとって過度の負担となるだろうから、「平均的合理的人間(average, reasonable man)」を想定して、その人の必要に応じる形で開示範囲を決定すべきである、であった。

　刑法・医事法学者の町野は、IC法理は医療裁判で勝訴できるもので

もない小さな概念で、医師が民事責任を負うケースは稀であったが、当時の医師たちは法的責任のおそれに過剰反応したという（町野 2018）。しかし、その反応は自然の反応だと思う。

　古代から医師の職業倫理である医の倫理（medical ethics）は、患者の利益になることをすべきという善行原則、患者に危害を与えてはならないという無危害の原則を掲げ、医師であるわたしは医学の専門的知識・技能を備える存在であり続けられるよう自己研鑽する等の行動規範を示してきた。2500年以上もの間、医師になる際の医師の規範として、受け継がれ、病気の状態にある患者の利益は病気の専門家である医師しか治療の判断ができないとする医師の慣習[3]を形成してきた。IC法理は、善行・無危害原則より上位に「自己決定」（の尊重）原則を掲げるよう要請したのである。神学者として医師たちとバイオエシックス研究を行ってきたジョンセンによれば、1960年代には医師たちが先端医療技術に孕まれる倫理的問題を感じとっていたのか、医学界の複数の会議で「良心にかかわる問題」として医療技術の進歩に潜む社会的・倫理的な問題を議論するようになった。議論を開始した当初は、この会議を医学者以外には閉じていたが、徐々に、医学以外の専門家（神学者や倫理学者などの専門家）に開き、ともに議論するようになっていった。このことは、医学や科学の進歩が純然たる利益だけでなく不利益、不便、損害も生むことを医学の専門家が他の専門分野に公表し、医学者が人文学などの他の専門家や一般市民と対話を始め、互いの言葉を理解し始めたことを意味した。医学界は、それまで独占していた医学情報を、2つの圧力で外部に開示せざるを得なくなった。1つ目の圧力は患者の権利運動や法廷闘争の結果（医療裁判の判決）という外圧、2つ目の圧力は医師の職業倫理──医師は専門職として患者のためになるよい治療を決定すべき──では対応できないと感じる、医学者個人の良心の声という内圧である（ジョンセン 2009）。つまり、ICは、長い間、時代の変化を受けながらも形成されてきた医の倫理や医師界の慣習そのものを否定するようなものであり、同時に、医師の専門性の境界という琴線に触れる概念だったからである。こうして医の倫理はICによって一部が修正される

ことになった。

　医学の発展には動物の生体・死体（ヒトも）での研究は欠かせないが、その研究を実施する医師のあり方に批判の目が向けられたのは、ナチスドイツ政権下で行われた医師たちによる人体実験を裁いた「ニュルンベルグ医療裁判」（1946 ～ 1947 年）だった。被告側となった医師たちは、人体実験が社会全体の利益に寄与したと主張したが、判決は社会全体のために個人の尊厳を否定することは認められないとした。判決文中に書き込まれた「許容できる」医学研究の基準がのちに「ニュルンベルグ綱領」と呼ばれるようになり、「被験者の自発的な同意が絶対に必要である」ことを第 1 に掲げた 10 項目からなる綱領は、その後の研究倫理指針の礎となった。しかし、その綱領は、1950 年代のアメリカの医学者・医学界に効力をもたず、本人の同意がない非治療的人体実験が行われていた。1960 年代になると、医師による組織的な人体実験の告発等があった。連邦機関は研究資金提供の条件に、研究施設に被験者のIC を基本とした倫理的な研究実施体制の設置等を追加し、対策を講じた。

　哲学者のフェイドンとビーチャム——バイオエシックス創成の中心人物——は、この法理を倫理学的に分析、「IC のねらいは、患者、被験者の自律的あるいはみずからの決意による選択を保護し、これを可能にすることにあり、（中略）IC が尊重し、保護しようとするもの」（強調は著者）と解釈した。そして、IC の 7 要件を、前提条件となる要件として意思能力（Competence）・任意性（Voluntariness）、情報に関する要件として開示（Disclosure）・推奨（Recommendation）・理解（Understanding）、同意に関する要件として決定（Decision）・権限付与（Authorization）とする見解を提示した（Beauchamp, Childress 2001）。

　われわれが確認しておくべきことは、IC は、二者関係における、医師の説明・患者の同意という 2 要件ではないし、2 要件を事務手続き化した書類上のやりとりだけではないということである。IC は（Beauchamp, Childress の見解では）二者関係における 7 要件をみたす〈手続き的公正さ〉を求める倫理学的概念である。

Ⅳ. バイオエシックス

　バイオエシックスという用語は、いのちや生活などを意味する bio と倫理（学）ethics の合成語で、アメリカのがん研究・免疫学者ポッター「バイオエシックス―生存の科学」(1970) に初出の言葉である。ポッターは、世界的な人口増加問題、食糧資源の枯渇問題、公害や環境破壊の問題により、人類のいのちや生活がおびやかされていることに危機感をおぼえ、生態系の一部である人類の生存のための科学の必要性を主張した。彼がバイオエシックスを提唱する動因のひとつとなった著書に、1962 年アメリカの生物学者レイチェル・カールソンが出版した『沈黙の春』がある。

　この本は、アメリカの農業で行われていた有機塩素系農薬の大量空中散布が、生態系連鎖のなかで動植物だけなく人間にも深刻な毒性をもたらし、自然の均衡が破壊されていることを告発したもので、ベストセラーになった。カールソンの本は、アメリカで 19 世紀末から行われていた公害や環境保全を訴えるエコロジー運動を人間と環境の関係を見直す運動拡大に寄与した。連邦政府は農薬規制や環境政策に関する法律等を制定し、1970 年、環境保護庁を設置した。地球環境への問題意識は、アメリカだけでなく、西欧や日本などの産業国でも浮上しており、日本政府は環境庁を 1971 年に設置している。1972 年には、各国の知識人や財界人によって構成されるローマ・クラブが「成長の限界[4]」報告書を提出し、その後、同年に世界で初めて環境問題の世界的会議「国際連合人間環境会議」が開催され「人間環境宣言」と「人間環境に関する行動計画」等を採択し宣言書を提出した（高岡 1973）。エコロジー運動は、すでにおきていた権利運動や、青年によるカウンタ・カルチャー（支配休制への対抗文化）と連動しながら、1970 年代には地球環境の危機や南北問題（北半球の先進工業諸国と南半球の発展途上国の経済格差に集約される国際経済の構造問題）に対する政治勢力に変化していった。

　環境と人間の問題は、1960 年代に欧州で創成した環境倫理（environmental ethics）分野で主に研究される。環境倫理の論戦は、自

然環境が破壊され生態系の危機状況が発生してきたのは、人間が自分たちの利益だけを考え近代文明を築いた結果であるという人間中心主義（anthropocentrism）と、動物や自然物や自然全体にそれ自身の価値（内在的価値）もしくは権利を認めようとする人間非中心主義の見解の対立から始まったとされる（丸山 2008）。

　現在、生命倫理はポッターの構想したバイオエシックスとは違い、医療の倫理として広く知られているが、それは次の事情による。1950年代以降、医学・医療技術が社会におかれると、臓器移植・臓器売買や移植ビジネス、男女見分け・デザイナーベビー・借り腹（代理母）、受精卵利用（破壊）と精子・卵子売買など、〈いのちのとり扱い〉に関する倫理問題が、医療裁判やメディア報道を通じて人々に広く認知されていった。その頃、医療技術の高度化もあり、国民医療費全体の増大や個別医療費が高騰していた。権利運動が活発化するその裏側で、冷戦下における宇宙計画の膨大な出費、ベトナム戦争の出費もかさんでいた。国民の風当たりが強かったニクソン大統領（当時）は、それまで宇宙開発に重点をおいていた国の研究予算を、がんと戦うための「生物学と医学」をまとめた「ライフサイエンス（life science）」研究に移行させると発表した。これによりライフサイエンス（昨今は生物医学〔biomedicine〕と呼ばれることが多い）技術が加速度的に開発され、〈いのちのとり扱い〉に関する倫理問題のさらなる増加が、誰にも見込まれる状況にあった。

　1960年代以降、医学をめぐる状況に問題意識をもっていたジャーナリストや多彩な専門分野の研究者たちは巨額資金を集め、1970年に「社会・倫理・生命科学研究所」（通称・ヘイスティングス・センター）、1971年にジョージタウン大学の「人の生殖とバイオエシックス研究のためのジョゼフ＆ローズ・ケネディ研究所」（現・ケネディ倫理学研究所）、1970年に聖職者・医師・心理学者で構成された「医学教育・神学委員会」を前身とする「健康・人間価値学会」（現・米国バイオエシックス・人間価値学会）を設立した。これらの研究機関に所属する研究者たちは、連邦政府の公共政策立案にも参画し、社会に生じた倫理問題事例を分類し、問題の特定と問題への応答として、報告書や勧告の作成に寄与

した。また、理論と実践的研究を、研究者と当事者・市民たちとの議論を通して研究を促進させ、バイオエシックスという研究領域を形作っていった。*Encyclopedia of Bioethics*（1978）の序文で Reich はバイオエシックスを「生命諸科学とヘルスケアの領域における人間の行為を、道徳的諸価値や諸原則に照らして吟味する体系的研究」と定義した。ポッターが提唱した人文学・社会科学・自然科学の英知を結集させる人類の生存科学プロジェクトの意図とは異なり、1970 年代以降は生命科学・医療技術を用いるヘルスケア領域に限定した倫理問題を検討するバイオエシックスが主流になった[5]。

　医学は、19 世紀以降、医学が物理・化学の研究手法を取り入れることで生命現象の解明を急速に発展させた生物学を、ヒト生命の現象解明に採用した。生物医学を理論フレームにした現代の医学は、病人を対象とする治療の学から病気を対象にする治療の学へと性質を大きく変化させた。次節でその変化を確認するが、生命現象の解明という一大事業は、古代から議論されてきた人々の生命観・世界観をゆさぶり続ける「生命とはなにか」という難問を、あらためて、われわれに突きつけることになる。

Ⅴ．生物学と医学

1．生物学

　ヒト（分類学上の名前、学名は *Homo sapiens*）の生命に関心をよせる医学は、古代から、病気という状態の生命現象を、動物実験、外科症例、ヒト死体解剖の観察と実験を繰り返し、構造と機能の 2 つのアプローチから病気の解明を試みてきたが、それぞれの時代における医学のあり方は、生命・世界をどう観るかという生命観・世界観の変化に大きく依存してきた。たとえば、動物実験は、聖書に「海の魚、空の鳥、地の上を這う生き物をすべて支配せよ」（創世記第 1 章 28 節）という記述があり、欧州では、動物ハンティングを娯楽とする文化、動物の生贄（今でいう虐待行為だが、今でも神聖な行為する立場がある）を神の正義として続け

る文化があったので道徳的な問題はなく、中世のヒトへの実験や観察が停止された時期でも、行われていた[6]。

アリストテレスの生命論（厳密には近代の科学者解釈による）では、生命現象には物質には還元できない本質（生気）が伴っており、環境に適応するための合目的性——事物のあり方が目的に合致していること、いわば、意志と知性のセット——は、生命そのものがもつ自律性にもとづくとする、のちに「生気論（vitalism）」と呼ばれるようになった生命観があった。それは、事物の生成・消滅の変化は目的をめざす過程とする目的論的なもので、古代から中世のキリスト教神学では、究極の目的に神の意志をすえた目的論的な世界観が示された。他方、同じく古代ギリシャ時代の原子論者（デモクリトス、エピクロスら）は、生命現象はそれを構成する物質的な諸要素の組み合せで生じ、物理－化学的な諸要素に還元することができ、無機質な原子が偶然に結合することで生成・消滅の変化という自然現象は説明できると主張する。この立場は、事象の生成・消滅の変化は、時間的にさきなるものがあとなるものを決定するという「必然的な因果関係」にあり、機械論的な生命観・世界観となる。したがって、目的論的な生命観・世界観と対立していた。15世紀以降、機械論的な生命観・世界観が支配的になり、自然科学を代表する物理学が成果をあげていったが、この対立がなくなるわけではない。17世紀後半、哲学（カント）で、目的論的と機械論的との生命観・世界観の対立は人間の知的能力の限界を超えるアポリア（難問）であり、機械論の成立する範囲を物質界に制限し、精神界には目的論が成立するとする二元論的見方が提案された。

生物学は18世紀ごろまで、生物の博物学的な観察・分類・形態比較を主に行なうものだったが、19世紀に入ると、観察と実験を繰り返す物理・化学の手法を取り入れ、生命現象の解明のための発見が続いていく。17世紀に提出された「生物の最小単位は細胞である」という細胞説は、18世紀から19世紀初めにかけて、科学者たちの「そうであるなら、地球上のこれほどまでに多様で複雑な生物はなぜそのような形態になっているのか」「その差異はどう生み出されているのか」といった疑

間に導かれながら、顕微鏡の技術進歩もあり、あらゆる種の細胞観察が行われた。その集大成として、1839年、菌や植物、動物等の「地球上の生物はすべて細胞や細胞の生成物から構成されている」という説が発表された。しかし、それでも、「至高の知性をもった設計者（神・超越者）の介入なしに複雑で多様な形態はありえない」とする考え方は科学者内部にも根強く残っていた。

1859年、生物多様性における神の介入説をさらに困惑させる説が提出された。ダーウィン『種の起源』の自然淘汰による進化説である。ナース（2021）は、自然淘汰による進化がおきるための生命体の決定的な特性を、繁殖する能力があることと、遺伝システムを備えていること、そして、その遺伝システムが変異を示しその変異が生殖過程で受け継がれることとし、さらに、この説の発見が衝撃的だったのは、この発見が、「ディープタイム」（地質学的年代）と呼ぶ膨大な時間スケールに組み込まれたことにあるという。なぜなら、神が世界を創造したその起源以前までを覆う時間スケールの説だったからである。

1865年、あらたな発見が発表された。親と子が似ているというような「遺伝」現象を実証したのがメンデルの法則である。メンデルは大規模で定量的な観察結果から、一対の物理的な粒子（雄の花粉と雌の胚珠）の存在を論文発表した。長い間この論文が放置されたのち、20世紀初頭にようやくその発表の重大さに気づいた研究者が、一対の粒子である「遺伝子」の物理的な研究に臨み、目に見えるものとして確認した。20世紀前半は、遺伝現象としての染色体の構造と機能の解明が進められ、遺伝子の正体がデオキシリボ核酸（DNA）という化学物質であることがわかり、DNA構造が解明された。世紀後半には、遺伝情報の「暗号化」の解明へと進められていく。その暗号は、ある人物の瞳の色を決定する色素を出したり、えんどう豆の細胞を紫色にしたり、肺炎を引き起こす細菌の毒性をもっと強くするための命令かもしれない、などである。そして、今では、遺伝子の配列を容易に説明し、解釈し、容易に変更することが可能になった。

20世紀末から21世紀初頭にかけて巨大資金を投入した国際プロジェ

クト「ヒトゲノム（遺伝子一式の配列）解析計画」は、DNA30億文字の配列をほぼ完全に決定した。もっとも重要な成果は、われわれの遺伝形質の基礎となる、すべての人間に共通する、およそ2万2000個にも及ぶタンパク質を暗号化する「遺伝子の一覧表・染色体の地図」であり、現在はその地図を参考にヒトの病気に関係する遺伝子が次々と発見されている。

2．ヒトの生命をどう観るか

　生物医学では、ヒト生命体は細胞の集積体における生成・消滅の変化として捉えられるが、それで目的論的と機械論的との生命観・世界観の対立がなくなったということではない。

　「ネオ・ダーウィニズム」は、進化は自然淘汰のみによって説明できるという、進化論と遺伝説をあわせた説で、遺伝学の発展により今では1つの理論になっている。生物の進化は確かだとしてもその進化プロセスを合理的に説明する理論は現時点では存在していない。アメリカでは創造論——世界は神によって6日間で創造され、人間はアダムとイヴの子孫だと考える——の立場の人々が欧州に比べて多い。

　20世紀前半、アメリカの公立学校でヒトの進化を教えてはならないとする州法があり[7]、裁判でも論争になっていた。アメリカ公民権連合（America Civil Liberties Union：ACLU）が進化論教育禁止の州法を起訴した裁判で、1968年連邦裁判所は、公立学校・公立大学で進化論教育を禁じる州法を、国教樹立禁止条項が要求する中立性に反するとして違憲判決を出した。その後、創造論を主張していた立場（研究者と神学者）は、創造科学という「創造論の主張を科学的にサポートしようとする考え方で（中略）聖書の物語の地質学的・生物学的部分を取り出して、この部分に対する『科学的な証拠を提示しようとする試み』」（伊勢田2003）を提出した。その後、27州で進化論教育と創造科学を均等に教えることを要請する「授業時間均等化法」が提案され、2州は法制定した。さらにACLUの提訴による裁判を経て、1987年、連邦裁判所は、授業時間均等化法を違憲とした。その判決を受け生まれたのが「インテ

リジェント・デザイン（Intelligent Design：ID）」論である[8]。自然界で起こっていることはあまりに複雑で機械論的な自然現象の捉え方だけでは説明することはできないから、進化のプロセス（進化を一部認める）には「知的なデザイン」——偉大な知性による構想や設計、意図が働いているとするID論は、法学者や生命科学者により提出された。ID論は科学者内部では科学的根拠がない論だとされているが、ネーゲル（2008）は、進化論者がID論を悪い科学、ひどい科学というのは、それが非科学だという主張と同様に、自然秩序における神の介入には真剣に検討すべき可能性はないということを前提にしており、これは科学的な信念ではなく、宗教的な問いに関する信念であると指摘する。つまり、この対立は現時点では科学論争ではなく、神の介入があらかじめ排除されるかいなかのいずれかであるということであり、目的論的と機械論的な生命観・世界観という価値観が生み出す倫理の領域にある論争ということである。

　分子生物学者の福岡は『生物と無生物のあいだ』（2007）で、動的平衡としての生命観を打ち出している。膵臓のある部品の情報をDNAから切り取り、部品が欠損したノックアウトマウス（壊されているマウス）を作製し、膵臓のある部品の機能が果たせない状態——消化酵素が作れなくなり、栄養失調や糖尿病の発症等——になると想定していたが、マウスはすくすくと大人になったという。このような失敗は、おそらく世界中で多くあるだろうが論文にならないので、ないものになっている。そして、この失敗は、生命体は分子を単位とする究極の分子機械とみなす機械的生命観に基づくものだったからではないかと考え、そこから福岡は、ノックアウトマウスに何事も起こらなかったことに落胆するのではなく何事も起こらなかったことに驚愕すべきであり、動的な平衡がもつ、柔らかな適応力となめらかな復元力の大きさこそ感嘆すべきで、自身の（失敗の）研究から明らかにできたことは、生命を機械的に、操作的に扱うことの不可能性だったと結論づける。中村は、ゲノムからみえる世界は、普遍と多様、総合と分析、ミクロの世界とマクロの世界、科学と日常、偶然と必然、というような、これまで二項対立的に見えてい

た事柄が1つのものに見えてくるという（中村 1993）。これは、生命現象は、目的論的・機械論的という見方のいずれかではなく、そうした区別がもはや1つの現象にしかないものとしての生命観、福岡があえて概念化する動的平衡という生命観が、進化論と創造論の対立になんらかの回答を見出すのかもしれない。

　しかし今のわれわれがここで確認しておくことは、人々の生命観・世界観は数十年から100年の時間をかけて緩やかに自ずと生じ、自身の生きるその間に体験するようなものであったが、生物学の急速な発展から生み出された生物医学・技術は、これまでの緩やかに形成された人々の「こうするのがよい」「こうすべきだ」という価値観の領域に、直接侵入してくるようなものであるということである。人工的に受精（体外受精）をしてもそもそもよいのか、体外受精の段階で遺伝診断をしてもよいのか、親の希望でヒト胚の遺伝子設計・編集をしてもよいのか…。個別具体な決定の（いわゆる臨床の）場面で、生物医学・技術の問題が多くの価値観が交錯する〈いのちのとり扱い〉をめぐる価値の問題として顕在化してくる、ということである。

3．医学

　医学は、19世紀以降の生物学による生命現象の解明の影響を受けて大きく変化する。医師・生理学者であるベルナールは『実験医学序説』（1865）で、「生気論」を否定し「デテルミニスム」（決定論や因果律と訳される）を主張し、医学を生理学、病理学、治療学に区分し、生命現象を研究する生理学が病理学と治療学の基礎にあるとした。そして、医学の研究方法は物理学や化学と同じだが、生物学や医学は生命体を対象とするので、実験的生理学には生体解剖——動物・ヒトを対象とする実験——が不可欠であると主張した。同一結果は同一原因に結びついているとする科学の公理を生物学や医学も用いることを主張し、これが近代医学の特徴となる「病因論」——何が病気の原因かを規定する——とされるようになった。その頃、化学者ルイ・パスツールが病原体の発見・ワクチンの発明・予防法の確立など微生物の構造や機能研究の業績を残し

ていた。ベルナールは、多くの生化学的発見——膵臓が脂肪を分解する、消化における膵臓の役割等——をしており、パスツールとベルナールの2人の医学的功績が、それまでの医学であるベッドサイド（臨床）医学から、臨床という経験をもたない「研究室の医学」の誕生に寄与したとされる。

　アッカークネヒト（2012）は、フランス革命期を経たパリの病院という制度によって成立した医学を「病院医学」と呼ぶ。病院は古代から宗教の慈善施設として、浮浪者や病人たちを住まわせる宿泊所で福祉施設であった。中世の医師たちは、自宅かクリニックから病院に行き宿泊者の診察をしていたが、フランス革命期には、すでに世俗化された病院の大改革が行われ、医療専門施設に常駐する医師も登場した。宗教実践者を病院から追い出し脱宗教化を徹底し、福祉施設を病院から分離し、国家による中央管理化を行なったこのフランス革命期の病院改革は、常駐する医師たちには、生体から死体までの継続的な病状変化の観察を可能にし、病院でしか成立しない医学を生み出した。病院は巨大な治療というより研究施設になった。古代ギリシャ時代ヒポクラテス派から継承されてきた感覚や経験を重視する医学は、ヒトの生体から死体（解剖）までの過程の観察にいかされ、また、その観察から取得したデータは当時新しかった物理学的な定量的・統計的手法や生化学的な病理学に基づき分された。梶田は、病院医学の医師たちは、「診断学と病理解剖に見せた積極性は治療には発揮され」ず、『疑わしい何かよりは何もしないこと』」が勧められ、「イギリス人は患者を殺すがフランス人は死ぬにまかせる」と評されたという。また、パリの病院医学時代の医師は「経験を積んだ医者ってのは、病気しか見ないものなんだ。おれはまだ、病人が見えるんだよ」と嘆いていたという。川喜田（1977）は「医学が伝統的な閉鎖世界をやめ、諸科学との自由な交渉を拒まなくなったことは、たしかに歓迎すべき傾向であったには相違ないのだが、一面、医学にとっては基礎科学（中略）の密度が急激に高まり（中略）、密度の勾配に基づいて、医学者たちの関心がそちらに吸い寄せられて、往々医学そのものの性格があいまいになる危険を孕んでいたことが見逃されてはならない

だろう」という。19世紀の医学の発展が、病者の治療を目的にした医学から、病者を抜け落としはじめたことを川喜田は指摘している。

　1927年ハーバード大学医師ピーボディは、同僚医師が、医師や看護師が診断・治療の課題に集中するようになったため、医師は診断・治療に専念し、患者のケアは医学生、社会福祉士、神学生などに委ねるべきだと主張したことに対して、患者のケアは医師もすべきだと反論した。医師は疾患の機序については多くのことを教わるが、医療の実践についてはほとんど教わらない。また、器質的疾患を患っていないと確信するとすぐに冷淡に患者を無視する。医師は科学的過ぎて患者をケアする方法を知らず、疾患の治療に特化し没個人的になっている。ピーボディは、患者のケアは完全に個人的でなければならないとし、疾病の治療は患者のケアという一層広い問題の中にあると主張した。1970年代に入る頃より、医師たちがピーボディの主張を引き継ぐ論文を発表するようになり、医学におけるケア概念が注目されるようになった。その頃は、フェミニズム運動と看護の専門職化運動が連動した時期であり、患者の権利運動が医療をサービス業とみなす医療消費者運動として活発化した時期でもあった。「データ重視」「病人観察のない診療」という医療の没人格的な側面が権利運動を通して批判されていた。バイオエシックスの成立もこの時期である。

VI.　IC や自己決定は生命倫理の中心概念にあるべきか

　バイオエシックス創成の中心人物であった医師でもあるエンゲルハートは『バイオエシックスの基礎づけ』(1989) で「平和的で非宗教的な、すなわち力ずくで押しつける特定の宗教ないし道徳的正統が何もない多元社会において、さまざまな道徳的諸観点の大きな差異をこえて理性的権威をもって発言しうる、生物医学的諸問題のための倫理学をいかに作るか」を掲げた。そして、バイオエシックスにおいて葛藤する2つの原則として「自律」と「恩恵」を挙げ、恩恵が道徳の内容に関わるのに対し、自律はその内容の生まれるプロセスを正当化する原則であるとし

た。彼の論文からは、多元社会であるアメリカだから、ヘルスケアの最重要原則として自律を採用し、その原則を基礎にした IC を、その中心に据えたバイオエシックスを構築する必要性がある、という想定がある。多元社会だからこそ、多様な文化に拘束されない IC や自律というものを中心にし、〈いのちのとり扱い〉方を検討するバイオエシックスの問題群に対しても、すべて IC や自律で応答を試みようとしていた、といえよう。

　「autonomy（自律）」という術語は、自己（auto）と規則や法（nomos）の合成語で、自らの設定した規則や法に自らが従うという意味である。古代ギリシャでは「市民の自己統治」を意味していた。この市民は、都市国家の構成員であり、他の構成員と平等な立場で意思決定の場に参加する権利をもち、戦争と政治を役割として担い、経済活動からは開放されていた。市民の自己統治は、必然的に「都市国家をどうつくるべきか」という国家の自己統治でもあった。現代のわれわれが市民の自己統治と聞くと、その都市に在住するという意味での市民「個人（individual）」の自己コントロールというイメージをもつだろうが、その見方は、近代以降に強調されるようになった個人とその内面性に焦点をあわせた自律である。なお、もともと「individual」は分けることのできないものという意味であり、共同体や社会に限定してこれ以上の分けられないものとしての「個人」である。しかし、近代以降、個人の内面性に焦点をあてた見方が生まれ、現代では、individual に分けられないものという意味は完全に失われ（平野 2012）、「個人」は独立した存在としての意味になった。

　個人の内面性に焦点をあわせた自律には２つの見方がある。１つ目は、理性から命じるものとして自律。この場合、自身の欲求や感情といった傾向性に動かされた限り、その行為がたとえ能動的・自発的に見えようとも、理性の命じるところによらずに動かされているという意味で他律的でしかない。経典・聖典、ガイドラインやマニュアルと称する行動規範に従う場合もこの見方では他律とされる。２つ目は「文明化された共同体の成員の誰かに対し、その人の意志に反して、正当に力を行使

することを可能にする唯一の目的とは、他者への危害（harm）の防止である[9]」（ミル 2012）という考え方に基づき、他人への危害を防止する目的以外では個人の「自由」の制約は許されないとする、私的自治原則[10]——「同意なしに介入するな」のように——としての自律の見方。アメリカのバイオエシックス研究では「personal autonomy」や「patient autonomy」が使われることが多く、いずれも、人は自分の運命をコントロールし生涯にわたる連続した決定から自分の人生を作るべきである、自分のことは自分が一番わかっているので自分のことを自分で決定することはよい、を前提にした自己決定である。

　米本（1999）によれば、アメリカは特殊な統治構造で、すでにアメリカ大陸と呼ばれた土地に住んでいたそれまでの先住民の属していた空間を排除し、移ってきた宗教移民でできた国である。州には宗派や民族のコロニーがあり、共通の社会的規範を有する空間がなく、必然的に多元的な価値体系になるため、強制力をもつ社会規範は州法の制定しかない。価値多元的な共有する社会規範をもたない社会は必然的にラジカルな個人主義と自由主義が社会哲学の基盤に置かれ（中略）国全体が共有できる価値は「正統な合意プロセス」という手続き形態しかなく（中略）、民主主義という制度を最高価値と置く構造になる。アメリカの自由主義は、「他者に危害を与えない限りなにをしてもいい」から、「患者の自己決定とは個々人の肉体の処分権が、残る人生を決定するのは徹頭徹尾本人であるとする考え方」であると指摘する。

　西谷（2016）は、アメリカを、17 世紀ヨーロッパに作り出された「ヨーロッパ国際法秩序」（国家間秩序）の外部に、その拘束を受けない「無主の地」とみなされた「例外領域」にもたらされた、自由制度空間の名前というべきであるとする。欧州からの移民の入植者たちの固有の権利として持ち出された「自由」の空間は、聖書に依拠する「新世界」の創設神話によって根拠づけられ、新しく開かれた社会の意識原則になり、「解放」という名前で、先住民の属していた別の名もない空間、いわば自然的空間を、旧来の空間を、くまなく排除することで、法権利におおわれ制度化された空間として登場した。近代以降、近代の一番の価値の

ように持ち出され世界の主導的イデオロギーになっている「自由」という観念と「経済」という観念が結びつくことで、規範的原則になった「経済」を、アメリカはそれをもっとも規範的な形で実体として現実化しようとしている空間だともいう。

　つまり、彼らの指摘を本章に引きつけていうならば、アメリカはそもそも「自己決定権」を前提とする法権利で覆われた制度空間であり、人の〈いのち〉をとりあつかう領域においても、個人の自己決定という観方しかとりえない。それゆえ、多元社会であるアメリカだからヘルスケアの最重要原則として自律を採用し、その原則を基礎にしたICを中心に据えたバイオエシックスということではなく、むしろ、その制度空間では、ヘルスケアにおける共有価値として自己決定しかなく、それを前提にした医師と患者の二者間における「正統な合意プロセス」としてのICが、バイオエシックスにおいてもそのまま中心概念になるしかなかった、ということであるように思われる。現に、IC法理の成立に寄与した裁判の判決で「英米法は、徹底した自己決定という前提から出発する。その前提から帰結するのは、各人が自分の身体の主人であると見なされるということ…」（長岡 1998）という見解が述べられている。「市民運動や社会批判の中からせり上がった個人主義的な要求とアメリカ政府の経済政策によって問題を個人の判断に委ねようとする方針の一致」（小松 2005）が、私的自治原則に重きをおく自己決定権とICを中核に据えたバイオエシックスだったということなのかもしれない。

　なにも倫理原則は自律だけではない。アメリカとは統治も歴史も異なる日本に住まうわれわれは、生物医学・技術に生活を駆り立てられてはいるが、人のいのちの取りあつかいの倫理としてなにをすべきなのだろうか。バイオエシックスを「移入」した生命倫理の反省が（アカデミアでは）始まっているが、われわれの生命の倫理を市民としてわれわれがどうすべきかを考えなければならない。ICはいかに移入されてきた（どのような政策決定プロセスだった）か、それが今医療現場でどのように運用され認識されているのか…。生命「倫理の問い」は時間性をもった立体的な事実確認から始めることになる。

Ⅶ. おわりに

　最後になったが、日本でICが検討され始めた経緯を見ておく。患者の権利運動は日本弁護士連合会により1980年代に始まり、市民団体とも連携し1990年代前半に高まっていった。この運動を背景に厚生省（現・厚生労働省）は、1980年半ば、生命倫理審議会で、IC手続きの導入と実施にすでに取り組んでいた。しかし、日本医師会は、1990年第Ⅱ次生命倫理懇談会で、ICを「説明と同意」と訳し、アメリカの訴訟社会や個人主義を背景とするICを日本にそのまま導入せず、医師と患者間のより良い関係を形成する概念とする主旨の報告書をまとめ、厚生省（当時）の動向に批判する立場を明確にした。1992年、厚生労働省はICの検討会[11]を設置、1995年に報告書を公表した。その主旨は、ICに強いて訳語をあてるのは適切でない、アメリカのように医師と患者とを対立関係にあるものと考えるべきではない、ICを法律に明文化することは信頼関係を破壊する、であり、第Ⅱ次生命倫理懇談会を受けて作ったとされる。医療人権センターCOML（現・ささえあい医療人権センターCOML）の辻本（1995）は「インフォームド・コンセントの根本的な問題である患者と医療者の関係性の見直しと、医療の不確実性を患者に伝えることの必要性についてはまったく触れられていません」とし、医療職で占められた検討会構成を批判した。

　日本の「IC法理の原形となるものは、20世紀の前半から、医療過誤裁判における医師の損害賠償責任の成否を通じて、形成されてきた」（宮崎 2003）。1997年、医療法第三次改正で日本政府は、「医師、歯科医師、薬剤師、看護師その他の医療の担い手は、医療を提供するに当たり、適切な説明を行い、医療を受ける者の理解を得るよう努めなければならない」を追加した。町野（2018）は、医師の説明と患者の「理解」だけをいい、患者の「同意」については言及しておらず、「ICそのものでないことは明らか」とするが、アメリカの「患者の自己決定権法」のような法はないものの、ICはすでに法的権利になっているともいう（ただし、ICが法的権利となっているかどうかについては法学者の中でも意見が

わかれているようである）。

　シュタイネック（2013）は、日本のICは、その導入の「最も強い抵抗勢力」である日本医師会の抵抗（生命倫理懇談会やICの検討会報告内容）があったが、1970年代以降、国家的にIC導入が推進され、患者の権利運動が活発になり、そもそも日本文化を理由に抵抗した言説は事実の日本と違うことを、データを根拠に批判する。そして、結果的に、もろもろの抵抗にもかかわらず、義務的なものとして21世紀初頭にはICは臨床に実施されたという。

　筆者は病院の倫理コンサルテーション活動で現場に赴いた経験があるが、ICの手続きは確実に整備されたと思う。一方で、ICは、治療選択の主体を医師から患者へ移すための医療パターナリズム批判概念（装置）であり、だからこそ、「自己決定」を基盤にするのだが、医療の現場では、医療パターナリズムが強められたと感じる場面も多かった。今、社会福祉の領域でもICが強調されるようになっているが、日本のいのちのとり扱いをめぐる倫理におけるICの限界と可能性を見極めていくためにも、日本のICの現在地はどのような文脈のどこにあるのか、生命をめぐる選択をわれわれはどうすべきなのか、などの命令性をおびる問いを、現代のわれわれは、理性——超越者への信仰ではなく——で対話的に応答する歩みを進めなければならない。

注
1) パターナリズムはラテン語の父親paterに由来する言葉として19世紀半ばから用いられた術語で父権温情主義と訳される。「父親が自分の子供に対してふるまうような仕方で、ある人に対してふるまうこと」。医療パターナリズムはその父親と子供の関係を、専門家と素人の関係におきかえ、「専門家である医師が患者の利益のために専門的判断をし、素人の患者は医師にまかせて決めてもらえばいい」となる。
2) 前田は、医学・治療技術としていたが、本章では、医学・医療技術と表記する。
3) 倫理ethicsはギリシャ語から、道徳moralはラテン語が語源にあり、それぞれ慣習や習性という意味であった。本章では道徳を、生活する

上での規範とし、倫理はマナーや慣習、戒律、道徳、法までも覆う規範としておく。
4) マサチューセッツ工科大メンバーによる「人類の危機に関するプロジェクト」研究報告。
5) この傾向を廣野（2010）は「バイオエシックスの医療化」と指摘している。
6) 仏教的な見方では「生きているものはすべて尊し」となる。動物実験を行う組織で慰霊祭を動物を供養する文化があった（慰霊祭をする医学部は多い）。
7) 進化論と反進化論の対立についての記述は以下を参考にした（鵜浦裕 1998）。
8) IDをめぐる議論は、以下が概説している（スコット 2017）。

9）ミルは「自由原理（the principle of liberty）」
としているが、現代では「危害原則（harm
principle）」と呼ばれる。

10）harm principle を私的自治原則とみる見方は、
花崎・川本（1998）の「自己決定権の２つの
系譜」から援用した。それは「個人レベル」の
ものとして harm principle に基づく「個人の自
律＝私的自治の原則」と、「集団レベル」のも
のとしてアメリカ合衆国第28代大統領ウィル
ソンが第一次世界大戦終結直前の1918年に
提唱し、国際連盟の発足や植民地解放運動の契
機となった14カ条平和原則に明記された「民
族自決（national self-determination）」とされ
る。

11）名称は「インフォームド・コンセントの在り
方に関する検討会」。

参考文献

A.H. アッカークネヒト（2012）『パリ、病院医学
の誕生―革命暦第三年から二月革命へ』舘野之
男訳、みすず書房、35頁

伊勢田哲治（2003）『疑似科学と科学の哲学』名
古屋大学出版会、12頁

内田樹（1999）「20世紀の倫理―ニーチェ、オル
テガ、カミュ」『神戸女学院大学論集』46巻

鵜浦裕（1998）『進化論を拒む人々―現代カリフ
ォルニアの創造論運動』勁草書房

H.T. エンゲルハート（1989）『バイオエシックス
の基礎づけ』加藤尚武・飯田亘之監訳、朝日出版
社、2-3頁、87頁

梶田昭（2015）『医学の歴史』講談社学術文庫
（Kindle版）、126-129頁

加藤尚武（2006）『現代倫理学事典』弘文社、868
頁（「倫理学」の項目）

川喜田愛郎（1977）『近代医学の史的基盤（下）』
岩波書店、672頁

小松美彦（2005）「なぜ『宗教と生命倫理なの
か』」小松美彦・土井健司編『宗教と生命倫
理』ナカニシヤ出版、12頁

R.C. シュタイネック「〔（ドイツ人から見た）日本に
おける『インフォームド・コンセント』：文化
比較を超えて」小椋宗一郎・松田純訳、『死生
学・応用倫理研究』18号、60-63頁

A.R. ジョンセン（2009）『生命倫理学の誕生』細
見博志訳、勁草書房、3-28頁

E.Y. スコット（2017）『聖書と科学のカルチャー・
ウォー―概説 アメリカの「創造 vs 生物進化」

論争』鵜浦裕・井上徹訳、東信堂

高岡武司（1973）「国連人間環境会議とその後の
国際的動向」『環境技術』2巻4号、221-226
頁

辻本好子（1995）「『インフォームド・コンセント
の在り方に関する検討会』の最終報告を読ん
で」ささえあい医療人権センター COML『会
報誌』60号（1995年8月15日号）（https://
www.coml.gr.jp/uchide-no-kozuchi/010.html
最終アクセス 2021年11月24日）

P. ナース（2021年）『What is Life？ 生命とは何
か』竹内薫訳、ダイヤモンド社、14-25頁

長岡成夫（1998）「アメリカにおける IC 概念」『生
命倫理』8巻2号、64-66頁

中村桂子（1993）『自己創出する生命』哲学書房

西谷修（2016）『アメリカ 異形の制度空間』講談
社

花崎泉平・川本隆史（1998）「自己決定権とは何
か」『現代思想』26巻8号、44-56頁

R.L. フェイドン／T.L. ビーチャム（1994）『イン
フォームドコンセント』酒井忠明・秦洋一訳、
みすず書房、183頁

平野啓一郎（2012）『私とは何か―「個人」から
「分人」へ』講談社

廣野喜幸（2010）「医の倫理からバイオエシック
スへの転回」小松美彦・香川知晶編著『メタバ
イオエシックスの構築へ―生命倫理を問いなお
す』NTT 出版、152頁

福岡伸一（2007）『生物と無生物のあいだ』講談
社、5-7頁、271-272頁

C. ベルナール（1970）『実験医学研究序説』三浦
岱栄訳、岩波文庫

V.R. ポッター（1974）『バイオエシックス―生存の
科学』今堀和友・小泉仰・斎藤信彦訳、ダイヤ
モンド社

前田義郎（1998）「医療技術と生命倫理」加藤尚
武・加茂直樹編『生命倫理学を学ぶ人のため
に』世界思想社、276-279頁

町野朔「医の倫理の基礎知識 2018年版 【医師と
患者】B-2. IC の誕生と成長」日本医師会
（https://med.or.jp/doctor/rinri/i_rinri/b02.
html 最終アクセス 2021年8月30日）

丸山徳次（2008）「環境倫理学」『応用倫理学辞
典』丸善、134-135頁

宮崎真由（2003）「日本におけるインフォームド・
コンセントの法理について」『人間文化学研究
集録』12号、112頁

J.S. ミル（2012 年）『自由論』斉藤悦則訳、光文社、22-23 頁

米本昌平（1999）「生命倫理研究批判」『生命倫理』9 巻 1 号、27 頁

Beauchamp, T.L., Childress, J.F.（2001）*Principles of Biomedical Ethics*, 5th edition, Oxford University Press, pp.80

Engelhardt, T. Jr., Rie, M.A.（1988）Morality for the Medical-Industrial Complex, *New England Journal of Medicine*, 319, pp.1086-1089

Nagel, T.（2008）Public Education and Intelligent Design, *Philosophy & Public Affairs*, 36（2）, pp.198

Peabody, F.W.（1985）The Care of the Patient 1927, *Journal of American College health*, 33（5）, pp.210-216

Potter, V.R.（1970）Bioethics, the Science of Survival, *Perspectives in Biology and Medicine*, 14（1）, pp.127-153

President's Commission for the Study of Ethical Problems in Medicine and Biomedical and Behavioral Research（1982）Making Health Care Decisions Vol. 1: Report

Reich, W.T.（Ed.）（1978）*Encyclopedia of Bioethics*, 4 Vols

第4章

哲学対話から見えてくる 「組織」

I. はじめに

　社会学や経営学の一部として「組織」の理論や実践的課題を扱う幅広い領域がある。そこでは、組織の定義（つまり「組織とは何か」という問いに対する答え）、組織で生じるさまざまな問題、問題の解決策などについて、数多くの議論と考察が積み上げられている。私たちは、そこで蓄積されてきた組織に関する諸々の概念（捉え方・考え方）を参照しつつ、組織に関わる中で生じる実際の諸問題と格闘する。

　ところで、こうした格闘の中に「組織」それ自体を問い直すような契機も含まれている。学問的に積み重ねられてきた議論・考察の成果が信頼できないとはいわないまでも、それらを一旦脇において、あらためて「組織とは何か」を捉え直し、そこから自分たちの問題を考え直す契機である。

　本章では、組織をテーマにした哲学対話の模様を紹介し、組織について考察する。学問が提供する概念ではなく、人々（組織を構成する当事者や関係者）が、いわば自前で「組織」をどのように考えようとしているのかを、哲学対話の事例から描き出す。そこから「組織」がどのような仕方で現れてくるのかについて、筆者なりの考察を加える。

Ⅱ．哲学対話について

1．ソクラティク・ダイアローグ

　ソクラティク・ダイアローグ（Socratic Dialogue、以下 SD）は、少人数の参加者（通常5〜8人）がグループになり、一定のルールと進行役によって進められる哲学対話ワークショップの方法である[1]。1つのテーマの下で、参加者たちが時間をかけてじっくり対話する。やり方の基本枠組みは単純に次のようなものである。

- 参加者の「具体的な経験」だけを土台にして
- 基本的な「問い」に対する「答え」を探求する

　ものごとを深く考え・反省する（＝哲学する）作業に際して、専門的な知識は必要ない。むしろ知的な権威を持ち込むことは思考の障害にもなる。また、いわゆる思考実験のように、架空の事例や例え話に頼ることは、実際に経験された事柄の持つ豊かさを削ぎ落としてしまう。そこで SD では、その場で確認できる参加者の「具体的な経験」を「例 example」として共有し、それだけに基づいて参加者自身の言葉・発言を通した思考を展開する。

　出発点は「問い question」であり、目標はその「答え answer」を見出すことである。SD では、前もって（あるいは集まった時点で）グループが取り組む「問い」を1つ設定し、そこからできる限り逸れない仕方で、グループとしての「答え」の定式化を試みる。SD の「問い」は、日々の私たちの社会生活において、誰もが使っている言葉や概念、そこに潜んでいる共通の考え方・価値観・規範・論拠などに関する疑問を簡潔に表した「基本的 fundamental」なものである。

　進行役は、SD のルール・例の考え方を参加者に説明するとともに、対話中での（例を含めた参加者の発言の）板書や時間管理、参加者による活発で偏りのない対話を促進する役割を担う。このときに配慮される点は、参加者の対話の「内容にコミットしない」ことである。進行役は、

探求に際して答えに関する方向づけを一切行わず、参加者自身による思考を促すことに努める。また参加者の発言は、単なるキーワードなどでメモするのではなく、1つの文になった「言明statement」として書き出す。対話の中で、参加者は自由に発言するが、重要なものに関しては進行役が「簡潔な文」にするよう促す。これによって参加者の「考え」が明確になり、他の参加者もこれを足がかりに「考え」を接続することが可能になる。このような作業を丁寧に積み重ねていくことで、単なる意見の交し合い以上の「グループによる思考」が展開される。

　さらに、他の哲学対話にはないSD独自のルールに「メタ・ダイアローグ」がある。これは、対話が紛糾したり行き詰まったりしていると感じられた場合、参加者は随時・誰でも、ある種の「タイム」を提案できるもので、対話の内容についてではなく、対話の紛糾や行き詰まりを参加者がどのように考えているか、またその解決策について対話する。参加者は、自分たちの対話について反省したり戦略を立て直したりする「対話についての対話」が特別に設定されるのである。通常の議論であれば、議長や司会者が配慮（そして誘導）するところを、参加者の提案によって行う。対話を参加者自身の手によって民主的に進めるとともに、「反省」という哲学的な作業を実現するルールであるといえる。1回のSDでメタ・ダイアローグが何度か提案されることもあれば、一度も行われない場合もある。

2．組織をめぐる哲学対話

　2018〜2020年度、「仕事と価値」ないし「組織」をテーマとしたSDを合計5回実施した[2]。1回のSDで設けた時間は8〜10時間（90分×5〜7セッション）、主に研修施設等で1泊2日の日程を組むかたちで行なった。参加者は、筆者の知り合いを通して「仕事や組織についてじっくり考えてみたい」人々を募り、大学教員、大学院生、医療・福祉関係者、哲学対話の実践者、一般市民など、各回において多様な顔ぶれとなった。進行役は基本的に筆者が務めたが、SD進行役の研修を兼ねるかたちで参加者の中から希望者に（セッションを限定して）進行役を任せ

た回もあった。そのときには、筆者がスーパーバイズを行なった。以下が、実施した SD の「問い」と参加者・進行役・実施日である。

①問い：仕事が「上手くいく」とはどのようなことか
　参加者：8 名、進行役：堀江、実施日：2018 年 5 月 12 〜 13 日
②問い：仕事における個人の価値観と「組織」の関係は何か
　参加者：6 名、進行役：堀江、実施日：2018 年 10 月 20 〜 21 日
③問い：組織とは何か
　参加者：7 名、進行役：堀江、および進行役を希望した者 2 名、実施日：2019 年 4 月 20 〜 21 日
④問い：組織とは何か
　参加者：6 名、進行役：堀江、および進行役を希望した者 4 名、実施日：2019 年 12 月 14 〜 15 日
⑤問い：組織とは何か
　参加者：10 名、進行役：堀江、実施日：2021 年 2 月 27 〜 28 日

Ⅲ．SD による思考の展開

　本章では「組織とは何か」という問いに限定し、また紙幅の関係もあり、上記③・④の SD だけを取り上げ、板書記録をもとに「詳述された例」やその後の対話の内容について紹介する。とはいえ、2 日間にも及ぶ（しかも紆余曲折を経た）対話を文章で再現するのは、もちろん不可能である。板書記録と進行役を務めた筆者の要約や簡単な意義づけだけにはなるが、そこで生み出された各グループにおける「思考の展開」を追っていただければと思う。

1．組織の人なんだな

　SD では「問い」から思い浮かぶ具体的な体験を参加者が出し合い、そのうち 1 つを選び、例の提供者への質問などを交えながら詳しく書き出す。その後、例の中で重要と思われる箇所に下線を引き、さらにその

中から、「答え」を求めるに当たって最も重要なものを「核になる言明
core statement」として抽出する。以下は、詳述された例の全文（下線
部分は「核になる言明」を示す）である[3)]。

4年前、フリーランスでワークショップ講師をしている私は、あるイベントで知り合った高校の先生から、メールで、若者向けの講座を公民館で一緒にやりませんかと誘われた。1年目は、いきなり高校生が公民館に行くのは敷居が高いのではと考え、高校の授業でワークショップを体験してもらってはどうかと、私と公民館の方と高校の先生で提案したところ、校長の理解もあって実現した。その後、公民館で3回の講座を実施し、授業で参加した高校生数名と、公民館の公報を見た数名が参加してくれた。

2年目に校長が代わり、授業内でワークショップをする許可が下りなかった。そこで、その先生が顧問をしていた部活のメンバーを集めて部室で一度ワークショップを行った。先生や公民館スタッフも加わり、メンバーの一部5名が参加した。その後、3回公民館でワークショップを行ったが、高校生の参加者は前年度より減り、先生が休むこともあった。先生から、公民館スタッフと私に事前に「休みます」と連絡があったが、特に理由は示されず、何かやむなき事情があったのかなと思った。

その実施後、公民館の予算が余っていたので、年度中にもう一回やろうということになり、打ち合わせ日程をメールで決めた。その打ち合わせの日に公民館に約束通り行ったところ、公民館スタッフに「○○先生は学校の会議で来られないそうです」と言われた。その時、言われた瞬間私は「え〜」とびっくりして、「○○先生は組織の人なんだな」と思った。それまでは、私は先生の学外での活動を見て、組織にとらわれていない人だなあと親近感を感じていた。しかし、学校の会議で来られないという、自分にはありえない理由で約束を破られたことで、自分と先生の違いを痛烈に実感した。なぜならフリーランスの私が同じことをすれば仕事がなくなるだろうという危機感があるから。先生が参加するのを前提に準備していたの

で、がっかりした。もし私が同じ学校に所属していたら仕方がないと思う
かもしれないけれど、学外の人には通じないと思った。公民館の人がサラ
ッと受け入れているように見えたので、びっくりしたし、孤独感を感じ
た。

企画・主催は公民館で、謝金は講座一回当たりで私も先生ももらってい
た。授業の講師料は出ていなかったかもしれない。打ち合わせも毎回時間
をかけて行っていたので、その分も少し上乗せしてもらっている感じであ
った。公民館でイベントを実施しているときは、先生や公民館の方の役割
はあまりなかったように思う。しかし「打ち合わせ」に関しては、その先
生にしか果たせない役割があると私は思っていた。

　約束していた打ち合わせに「学校の会議で来られない」ことをその時
になって知らされ、驚き、「組織の人なんだな」と感じた瞬間、そのと
きの感覚が切り取られている。確かに、この例は「組織」に関わる制度
や固有の内部構造に言及したものはない。学校や公民館は出てくるが、
例の提供者はその組織のメンバーではなく、そうした組織に属する人に
接したときの短いエピソードにすぎない。しかし、このような日常の
（ちょっとした）人の振る舞いから、私たちが（ふと）感じ取る「組織っ
て何だろう」という疑問が端的に示されている。こうした一瞬の感覚を
取り上げ、前後の文脈とともに時間をかけて丁寧に共有・理解すること
で、私たちが日々の生活から得ている「組織」というものの本質に迫ろ
うとするのである。
　さて、例の中で下線を引かれた「核になる言明」は、答えを求めるた
めの着眼点となる。SD の次のステップでは、この言明の「理由」をグ
ループで探求する。言明が「具体的な行為・判断・感覚」であるとすれ
ば、そこに潜む「一般的な（人々が共通に持っている）前提」見出す作業
である。また、この作業は、答えを定式化する際に手がかりとなる観点
の発見にもつながる。
　例では「もし私が同じ学校（組織）に所属していたら仕方がないと思

うかもしれないけれど、学外（組織外）の人には通じないと思った」という箇所が「核になる言明」となった。またグループは、この言明が前半（同じ組織に所属していたら仕方がない）と後半（組織外の人には通じない）の2つに分けられると考え、それぞれ「なぜそう思う」のか、その理由を対応させるかたちで定式化した。以下が板書の記録である。

私は、同じ組織に所属していたら仕方がないと思う（a）かもしれないけれど、組織外の人には通じないと思う（b）。なぜなら、

a．その会議の重要性や優先度を共有できたはずだから
b．学外の私には会議の重要性を共有できないから

a．その会議に出る意味が理解可能だから
b．その会議に出る意味（論理）を共有できないから

a．組織で与えられた役割（＝組織内の事情）が見えるから
b．組織で与えられた役割（＝組織内の事情）が組織外の人には見えないから

a．組織の目的によって決まる優先順位を共有しているから
b．組織の目的によって決まる優先順位を共有していないから

a．組織のメンバーは、組織の目的を果たすために協力すべきだから
b．組織外の人は、その組織の目的に協力する義務がないから

a．自分にも会議を優先して他のことをキャンセルするということが起こりうるから
b．同じ価値観を共有していない人とは分かり合えないから

a．会議の出席は組織の中の業務に入っているので、業務遂行の義務を果

たせないから
　b．その組織の決まりを組織外の人は分からないから

　グループは、核になる言明の背後にある「理由」を言葉にする中で、組織に関わる一般的・基本的な要素を見つけ出していく。それが「答え」を定式化する際に使われる言葉となる。上の「理由」を見つけ出す作業の後に、進行役がグループに整理を促したとき、次のような「答えの要素の候補」を見つけ出した。

・組織には目的がある：目的を果たすための役割・義務がある
・組織にはメンバーがいる：メンバー間で共有するもの（目的から派生するもの）がある

　SD③では、ここまでで時間となり「答え」には至らなかった。しかしこれを手掛かりにして、グループは「組織とは何か」に対する答えを見出していったであろうと思われる。また、核になる言明の理由を探求した際にグループが区別したa/bの対比も、ひとつの観点として答えの定式化に反映されることになったかもしれない。すなわち「同じ組織に所属していたら仕方がない」ことと「組織外の人には通じない」ことの対比である。この点は、SDグループとは別の筆者の着目点として、後にあらためて考察したい。

2．みんな Nice People でいて欲しい

　次にSD④を見てみよう。ヨガ教室の生徒（例の提供者）と先生をめぐる一連のやりとりを描いたものである。

ヨガを4年前に始めた。このヨガのスタイルは、ポーズの順番が決まって

いるというところが理にかなっていると感じ、気に入っていた。朝の決められた時間帯に何時でも来て、自分のペースで練習できた。他の人が気になり集中力を保つのが難しかったが、先生（英語で指導）の指導は気に入っていた。

Aさんが2月に同じクラスに入ってきた。もともと私は集中できないことにイライラしていたが、集中力は自分の問題と思って頑張っていた。しかし、Aさんが先生とケラケラ笑いながら練習していたので、さらに集中力が削がれた。そういう状態が1週間ほど続き、私は「もう少し小さな声で話してほしい」「周りの人のことを気遣ってほしい」「先生も注意したらいいのに」と思っていた。ある日、私はAさんの隣で練習することになった。イヤだなと思ったが、20-30分ほどは集中しようと頑張った。我慢できなくなってきて、「場所を移動するくらい先生の許可はいらない、私の自由だ」と思ったし、「他の人の練習を邪魔することでない」と思った。そのため何も言わずに、バッと怒りを少し見せるように、マットを移動した。

先生はAさんと話していたが、顔を上げて私を見た。そして「誰かがあなたを邪魔したの」と私に聞いた。私は「イエス」と曖昧に答えた。先生は「場所を移っていいと許可を出していません (a)。クーラーの風が当たって不快だ等のちゃんとした理由があれば移動してもいいけど、ないなら戻りなさい」と言った。私は、自分が移動した理由は先生にとって「ちゃんとした理由」でないのだと思い、しぶしぶ戻った (b)。Aさんは少し静かになったような気がした。私は、少しイヤな気持ちになったけれど、なんとか集中してヨガを終えた。帰ろうとしたら、先生がこちらを見ていたので、私は立ち止まった。するとAさんが「さっきはうるさかったみたいですみません」と言った。私は「あっ、はい」と答えた。Aさんは「これからは気をつけますので」と付け加えた。

Aさんが帰った後、先生が話しかけてきた。先生は、静かに諭すように言った。「ここではみんなヨガに集中したいし、みんな集中しようと頑張

っている。彼女（Aさん）も彼女なりに集中しようと頑張っていた。あなたが突然音を立てて移動したことに、<u>みんなびっくりしちゃったと思う (c)</u>。このことで周りの人も集中が削がれた。私は、<u>このクラスの人はみんな Nice People でいて欲しいし、お互いに周りの人を気遣って欲しい (d)</u>」。

私が不満そうな顔を見せていると、先生は「何か思ったことがあるなら正直に言って」と言った。私は「集中を先に乱したのは A さんで、お互い周りの人に気遣うべきだと言うなら、彼女にもそのように言うべきだと思います」と言った。<u>先生はびっくりした顔をしていた (e)</u>。先生は「A さんは、あなたにさっき謝っていたでしょ、A さんの方が強い人間だと思う」と言った。私は、確かにそうだと思い、納得し、自分が恥ずかしくなり、泣いてしまい、「そうですね、あなたは正しい。確かに私の方が未熟ですね。もうちょっと考えます」と言った。

<u>先生は「まあ、甘いものでもあげるから」と笑顔で言いながら、チョコレートをくれた。先生が「また明日」と言って (f)</u>、私も「また明日」と言って退出した。帰りながら、特に「Nice People」の下りを思い出しながら、学校に入った覚えはないし、ここは個人主義っぽい場所だと思っていたが、なんか組織っぽいなと思った。

　趣味（個人がやりたいこと）を楽しむ所だと思っていたのに、そこで学校のように「みんな Nice people でいて欲しい」と言われたときの「なんか組織っぽい」という感覚、それが示されている。SD ③と同じく、この例もヨガ教室の組織の問題というよりは、そこで生じた先生と生徒の短いやりとりの経験でしかない。しかしやはり、ここから「組織とは何か」に対する探求が始まる。
　ところで、この例の「核になる言明」を見出そうとしたところ、複数の箇所（下線 a～f）が候補に上がり、1つに絞ることができなかった。グループでは、そのどれもが異なる観点で重要であり、1つの言明に絞

るよりは、それぞれの言明の「理由」を考えることになった。以下が、
その結果である。

---

a．先生が「許可を出していません」と言った理由：
　　―組織は「長」の許可を得て動くから

b．先生が「ちゃんとした理由があれば移動してもいいけど、ないなら戻
　　りなさい」と言ったので、私は、自分が移動した理由は先生にとって
　　「ちゃんとした理由」でないのだと思い、しぶしぶ戻った。その理由：
　　―組織の構成要素・特徴がいくつか表れている
　　―組織は、構成員をこのようなやり方で動かす

c．先生が「みんなびっくりしちゃったと思う」と言った理由：
　　―みんながびっくりしたことを問題化している
　　―組織（の長？）が好まないから

d．先生が「このクラスの人はみんな Nice People でいて欲しいし、お互
　　いに周りの人を気遣って欲しい」と言った理由：
　　―このヨガクラスに対する理念が表れているから（しかし「Nice
　　　People」は抽象的である）
　　―組織は構成員に「こういう人でいてほしい」ということを求める
　　―先生のコントロール下にあること（組織とコミュニティとの違い）
　　―横のつながりを絶っているのが組織である

e．先生が「びっくりした顔をしていた」理由：
　　―（組織の）長にたてつくことはありえない

f．先生が「まあ、甘いものでもあげるから」と笑顔で言いながら、チョ
　　コレートをくれた理由：
　　―組織の維持を望んでいる（コミュニティにも言えるかもしれない）

例に見出される言動の一つひとつに着目し、その「理由」を丁寧に掘り起こしていく。ヨガ教室の先生は、どのような理由で「許可を出していません」「戻りなさい」「みんなびっくりしちゃったと思う」「みんなNice Peopleでいて欲しい」と言ったのか。また「びっくりした顔」をしたり、笑顔で「チョコレートをくれた」りしたのか。そこに潜む、組織に関連した一般的な前提を言葉にしていく作業がここにある。言明の理由に関する枚挙がひと通り終わったあと、グループでは、言明bの「ちゃんとした理由」と「しぶしぶ戻った」振る舞いについてもう少し議論したい、という要望が出された。その議論の板書は次の通りである。

言明b：先生が「ちゃんとした理由があれば移動してもいいけど、ないなら戻りなさい」と言ったので、私は、自分が移動した理由は先生にとって「ちゃんとした理由」でないのだと思い、しぶしぶ戻った。

・ちゃんとした理由：
　―組織（先生）にとっては明確である
　―これらの基準を組織は持つ
　―その基準は、しばしば暗黙的で、しばしばメンバーにはよく分からない
　―その基準は、メンバーにとってはよく分からなくても機能する
　―あたかもその基準が存在するかのように、しばしば語られる
　―基準は、しばしば、あえて不明瞭に語られる
　―メンバーは長（あるいは組織）の許可や認可を得て動くもの：管理されている

・私は、しぶしぶ戻った：
　―なんらかの行為を抑制・促している（組織に影響を与える行為は抑制する）
　―組織の望みに従うことは、メンバーにとって望ましいとは限らない

―メンバーは、納得せずに組織の望みに従うことがある

　　―この時の「私」は、組織に関係している要素である

　　―権力・裁量：「ちゃんとした理由」を先生が決められること

　組織は、メンバーの行動に何かを求めてくる。そういうものである。グループは、例の中にある具体的なやりとりを詳細に分析することで、組織が持つ一般的な前提に触れる。もっといえば、組織が組織である限り普遍的に成り立つと思われるような事態、それを個別的な例の中に見出す。言明の理由を探求することで、こうした「具体的なものから一般的なものへ」あるいは「個別的なものから普遍的なものへ」という視点の移行が生み出される。

　しかもここで、組織における行動の求め方の様相も捉えられている。つまり「メンバーの行動に何かを求めてくる」という定式化に加えて、それを「どのようなやり方で」求めてくるかが確かめられている。メンバーに行動を求めるとき、組織は「基準」を示しているようで示していない。あるいは示していないようで示している。それは「ちゃんとした理由」という言い方で暗黙的に「あえて不明瞭」な仕方で、あるいは「あたかもその基準が存在するかのように」示され、メンバーは「しぶしぶ」それに従うことになる。もちろん、メンバーが「自ら望んで」従う場合もあるだろう。しかし、やはりそれもメンバーに行動を求める組織の「やり方」である。グループは、これを「組織の構成要素・特徴」として捉えた。

　もうひとつ、組織がメンバーに求めることがありうる。それは「みんな Nice People でいて欲しい」というヨガ教室の先生の言葉に現れている。そこには、個々の行動や振る舞い以上に、組織がメンバーに対して「こういう人でいてほしい」という要請が示されている。また、組織の「理念」のようなものが示されているという意味で、組織の構成要素・特徴に関する別の側面が含まれているともいえる。グループはこの言葉の重要性にも着目していたが、時間の関係で「言明 b」を優先させるか

たちになった。

3．答えの試み

　核になる言明の理由をめぐる議論がひと通り終わったところで、いよいよ「答え」の定式化を試みることになる。このときの「答え」とは、問い「組織とは何か」に対してできる限りシンプルかつ明快な「組織とは～である」という言明を作り出すことである。ここでは、SD④の模様を紹介する。

　SD④では、上記の「言明b」に関する議論が終わったところで、グループで答えを探求するやり方について「メタ・ダイアローグ」が提案された。以下が、その板書記録である。

答えを探求するやり方に関するメタ・ダイアローグ

A．言明bに関する議論を基にして答えを出す
B．各人が個別に答えを出す
C．明確に吟味すべき言明一つに絞り、答えを出す
D．「組織とは～である」を箇条書きにする

結論：Aを基にDを試みる

　グループは、言明b以外についても議論し、それを答えに取り入れたいという気持ちがあった。しかし、すべての「核になる言明」を吟味する時間はなく、どれか1つ、あるいは少なくともいくつかに絞った上で答えを考えるしかない、ということも分かっていた。結局、言明bで時間をかけて議論してきた手応えを重視し、それを基に「組織とは～である」を箇条書きにすることになった。そこで書き出されたのは、次のようなものである。

- 組織は、組織に含まれる／含まれないもの、組織を維持する／損なうものについての基準を持つ
- 一般に、組織を構成するのは全人的な人間ではない
- 人で構成されると考えられている組織を考察する限りにおいて、組織は人の全体ではなく一部で構成されている

- 組織は、何らかの基準（ルール・規範・理念）を持つ
- 組織は、暗黙的な基準を持つ
- 組織は、人間の行為を抑制・促進する
- 組織は、長の許可を得て動くものである
- 組織は、動くものである
- 組織は、一つの「まとまり」として捉えられるものである

- 組織には、長が存在する
- 私たちは、自分以外の主体の許可や認可を得て、組織によって管理される
- メンバーは、納得せずに組織の望みに従う
- 組織は、役割で構成されている
- 組織は、人で構成されているのではない

　ここに来てグループは、ようやく「組織というもの」に関する一般的な特徴づけ、それを表すいくつかの言葉にたどり着く。組織は「基準を持つ」「人間の行為を抑制・促進する」「〜で構成されている」「まとまり」「動くもの」といった言葉である。これらは非常に抽象度の高い表現であって、単にそういわれただけでは簡単には理解できないかもしれない。しかし、1つの例に基づいて長い対話を続けてきた参加者たちにとって、これらの表現は組織活動における具体的な場面と強く結びついている。

　例えばこうである。組織は「基準を持つ」。なぜそういえるのか。それは「ちゃんとした理由」がなければ移動してはならないといった基準

であり、あるいは「Nice People」といった基準である。こうした基準が、組織の「長」（ヨガ教室の先生）によって示され、組織を構成する者（生徒）も「しぶしぶ」であれ、それに従う。そのように、組織は「まとまり」をなして「動く」ものである。

　SD の「答え」は、確かに一般的な（それも抽象度の高い）言葉ではあるが、それを支える具体的な場面を必ず伴っている。具体性・個別性と強力に結びついた一般的・普遍的な表現を探求すること、これが SD の大きな特徴である。この点は、あえて強調しておきたい。というのも、対話の成果が求められるとき、多くの場合、その結果だけが（別に行われた対話や議論の成果＝結果の比較で）評価されがちだからである。対話のプロセスの中にあった「概念化」（conception：摑み取ること）という作業、それをグループが自前で行なっていることに着目する必要がある。

　ところで、この「概念化」の作業には、さらに（より困難な）続きがある。上記の板書は、組織とは何かに関連するいくつかの言葉を箇条書きにしただけであった。今度は、それらの言葉において何が本質的である／ないかを取捨選択し、どのように組み合わせるかを考え、グループとして納得のいく「答え」を定式化する作業が求められる。SD ④では、この最終的な作業に着手しようとしたところで時間がなくなってしまった。そこで、少なくとも参加者各自が「答え」になると思われる短い文章を（10 〜 15 分程度）考え、それを列挙することで SD を終えることにした（時間がない場合、これは SD でよく行われることでもある）。以下が、その記録である。

- ■組織とは、一つの目的的なまとまりとして捉えられているものである。
- ■組織とは、人の行為が自分以外の許可や認可に影響されるものである。
- ■組織は、人の行為を抑制したり促したりする基準を持つ。
- ■組織とは、まとまりがあるものとして捉えられている。
- ■組織とは、複数の機能の構造である。組織の維持は組織の目的の一つ

であるが、他の目的とは独立している。
- ■組織とは、特定の役割を担う部分を構成単位とする集合である。
- ■組織は、個々の部分の活動を促進・抑制するための基準を持つ。
- ■組織は役割で成り立っている。
- ■組織は、権力（力）への意志で成り立っている。
- ■組織とは、何らかの複数的なものとしても捉えられるものが、一つのまとまりとして活動すると考えられているものであり、1）組織と、2）組織の活動に含まれるものについての基準を持つ。人間が「所属する」と言われる組織においても、組織は人間を単位として構成されるのではない。つまり、一人の人間の全てが組織に含まれるわけではなく、組織としては余剰物となる部分が残るが、そのような組織は、主に「所属する」人間の能力を用いて活動するのであり、組織は「所属する」人間の特定の行為を抑制したり促したりする力を持つ。

　どの言葉に着目して定式化するか、どのように言葉を組み合わせるか、あるいはどのような新たな言葉を導入するか、参加者各自の視点に応じて違いが現れる。新たに導入された言葉としては、「目的」「機能」「権力（力）」といった表現が見出される。本来であれば、ここから「グループとして」どのよう答えを定式化するかの議論が始まる。しかし、少なくともここで、そうした議論の出発点となる視点の違いが可視化されている。

　この中で、特にグループが問題にした（さらに議論を続けてみたいと考えた）観点は、組織が「何から構成されているか」という問いであった。組織は、所属する「人」から構成されているのか、あるいは「役割」からなのか、また「人から構成されるのではない」とすれば、それをどのように言い表せばよいのか。最初に触れたように、SDの目標は1つの「問い」に対する「答え」を見出すことである。しかし、ここで参加者たちは、新しい「問い」、すなわち「組織は何から構成されているのか」という問いに到達してSDを終えている。

　考えてみれば、1つの問いに答えようとすれば新たな問いが生まれ、

問い／答えのつながりに終わりはない。そうした終わりのないプロセスの一端を、できる限り丁寧な対話によって参加者に体現してもらおうとするのがSDである。この意味で、ここで紹介したSD④は、まさしく「哲学する」ことに成功した例である。

Ⅳ．組織とは何か

　ここまで、2つのSDの模様を比較的詳しく紹介し、その思考の展開を追ってきた。これらの思考を遂行したのは、もちろんSDの参加者たちであり、参加者たちのものである。進行役は、それをサポートしたに過ぎない。しかし「内容にコミットしない」とはいえ、進行役もこの思考に深く関わった者のひとりである。以下では、上記の思考とは別に、そこから見えてきた「組織とは何か」に関する筆者の考察を加えることにする。

1．齟齬を通して現れる組織
　まず、SD③で核になった言明、すなわち「同じ組織に所属していたら仕方がないと思うかもしれないけれど、組織外の人には通じないと思う」に着目しよう。この言明を、私なりに補足してあらためて記述すると、次のような感覚が働いていると考えられる。
　打ち合わせの約束を、その時になって、しかも人づてに知らせるような仕方でキャンセルするのは納得できない。先生は「学校の会議が入ってしまい、打ち合わせに行けそうにない」と事前に知らせ、謝ることもできたはずである。なぜ、そうしてくれなかったのか。先生の側に「相手もたぶん分かってくれるだろう」といった認識があったのだろうか。しかし、それは「組織外の人」、あるいは社会の・般常識からすれば「通じない」。何かがスルーされた。それはなぜなのか。このような経験の中で、例の提供者は先生の置かれた事情を想像し、そこに「組織」というものを感じている。つまり「同じ組織に所属していたら」という仮定を働かせ、事情はよく分からないが、とりあえず「組織の内」にある

「仕方のなさ」を想像しようとしている。それが「組織の人なんだな」という感覚となって現れている。

　ここには、ある種の齟齬（ディスコミュニケーション）を通して「組織」というものが浮かび上がっている。この感覚は、私たちが「組織」をイメージしようとするときの、ある意味では原初的な経験であるように思える。

　組織は、内部の機構を見ることによって知られるものなのだろうか。組織の中で働き、その内情をよく知り、そこでの役割や目的について理解していること、これらは確かに組織を知るための知識として重要ではあるだろう。しかしその前に、組織内の事情は分からなくても、人の振る舞いを前にして出会う齟齬、何かが違うという感覚から、すでに私たちは「組織」というものをイメージし始めている。別の言い方をすれば、コミュニケーションの齟齬を感じたとき、その背景にあるもの全体を「組織」というものに帰す。それを良くも悪くも「組織に帰責する・組織の所為にする」こと、これがまずある。これを起点にして、私たちは「組織」をイメージし始める。

　このように考えるとすれば、組織を次のように言い表すことができる。すなわち、コミュニケーションの齟齬を通して現れ、その帰責先のひとつが組織である。帰責先の「ひとつ」と言ったのは、別の帰責先もあるからである。例えばSD③の例では、打ち合わせのスルーを「先生の所為」にすることも考えられる。またここで、組織の「内」を見ることはできない。むしろ、組織を背景にした言動には多かれ少なかれ（推測するしかない）事情が隠れているのであり、それが差し当たって見えない・分からないところに「組織」がある、と考えられている。あるいは、このように組織の外からは見えない・分からないものを、私たちは「組織」と名付けている。

　この「組織」は、どこかに客観的に実在し、それが見える・分かることを前提にしてイメージされる組織ではない。また、複数の人々が集まって、何かの目的のためか、とにかく人々の活動が関係し合っている姿ともいえない。そうした捉え方をする前に、まずはコミュニケーション

における何らかの「違い＝齟齬」から、それを「組織の内／外」の差異として感じるという経験がある。これを「組織とは何か」を考えるときの起点にすることができるのではないか。SD③に関わった者として、そこに「組織というものの元々の体験」が示されていると筆者は考えた。

２．人の行動を折り曲げる／引き伸ばす力

ところで齟齬といえば、SD④もまた「納得がいかない」経験の例である。そこでは、ヨガ教室の先生が「ちゃんとした理由があれば移動してもいいけど、ないなら戻りなさい」と言ったこと、それに対して生徒である例の提供者が「しぶしぶ戻った」ことが議論の焦点になった。

この場合でも、やはり組織の「見えなさ・分からなさ」があるように思われる。つまり、ヨガ教室の先生は「ちゃんとした理由」を明示しないまま「戻りなさい」と生徒に命じている。SD④のグループは、これを「暗黙的でメンバーにはよく分からない」「メンバーにとってはよく分からなくても機能する」「あたかもその基準が存在するかのように」「あえて不明瞭に語られる」ものとして特徴づけた。組織の外からは見えない・分からないものが、必ずしも組織の内で見えている・分かっているわけではない。むしろ、見えない・分からないまま組織のメンバーに示される。この意味で、上に示した「見えない・分からないところに組織がある」のと似たような様相を持っている。

他方この例は、SD③のような組織外からの体験ではなく、ヨガ教室の先生と生徒という組織内の経験である。このとき、組織の「見えなさ・分からなさ」は、外から推測するしかない事情といったものではなく、組織内部で働く「力」として経験されている。例の提供者であるヨガ教室の生徒は、それを前にして「しぶしぶ戻る」ことを余儀なくされた。グループは、これを「何らかの行為を抑制・促している」組織の「権力・裁量」として捉えた。そこに「メンバーにとって望ましいとは限らない」、あるいはメンバーが納得せずに従う「組織の望み」を読み取った。

組織は、その内部にいるメンバーの望みや行動を、いわば折り曲げる。組織の中で活動するとき、私たちは常にこのような「力」を感じているのではないだろうか。これは、個人的な人間関係の中で生じるような力の関係ではない。ヨガ教室で生じた個人的な力の差の問題ではない。また、先生／生徒という役割関係の非対称性（力の差）という話とも少し異なる。先生は「ちゃんとした理由があれば移動してもいいけど」と前置きをした上で「戻りなさい」と生徒に命じた。つまり、おそらくはヨガ教室の組織的で秩序ある運営という観点を示唆しつつ、それを背景にして「力」を発動しているのである。この点で、ここには「組織」固有の力の働き方が見て取れる。それが、先生個人の望みではなく「組織の望み」という言い方で捉えられたのである。

　もちろん、この「力」は必ずしも組織のメンバーの「望み」を挫くもの、あるいは行動を抑えるだけのものではない。逆の場合もありうる。メンバーの望みと合致し、それにますます大きな力を与えてくれることも考えられる。またメンバーの行動を促し、それを後押しするような力ともなりうる。組織の力は、そのメンバー個人の行動を折り曲げもするし、引き伸ばしもする。

　このことは、個人の観点からすれば、組織のメンバーである自分の活動力と組織との「折り合い」ということにもなる。人の行動は、組織の力によって全面的に抑制されるか、それとも全面的に推進されるか、このいずれかではない。おそらくさまざまな程度で、部分的に抑えられ・促されている。人は、それぞれ個人的な生活を持っているであろうし、また1つの組織のメンバーであるだけではない。自分の活動力を、1つの組織のために全面的に投入することはありえず、どこかで組織の力と「折り合わせる」あるいは「折り合いをつける」のである。

3．余剰物となる部分

　この「折り合い」という観点は、SD④で議論になった新たな問い、すなわち「組織は何から構成されているのか」という問いに関係づけることができる。そこでは、答えの試みのひとつとして次のような言明が

作られていた。

- ■組織は人間を単位として構成されるのではない。つまり、一人の人間の全てが組織に含まれるわけではなく、組織としては余剰物となる部分が残るが、そのような組織は、主に「所属する」人間の能力を用いて活動する。

　個人の観点からすれば、自分の活動力を組織と「折り合わせる」ことが問題であった。これを反転させると、組織は個人の活動力を（折り合いの中で部分的に）用いることが問題になる。組織は、個人の活動力を「折り曲げる／引き伸ばす」ことで成り立っている。そのような仕方で、組織は「構成されている」といえる。このとき、組織の観点からすれば、個人（人間）は常に「余剰物となる部分」を残した存在である。
　組織における個人の活動力の活用は、組織論では「インセンティブ」や「動機づけ」に関わる問題としてよく議論される。要するに、組織が個人の「やる気」や「やり甲斐」をどのように刺激するか・引き出すか、といった問題として語られるものである。しかし、これは事柄の半面だけしか捉えていないように思える。というのも、組織は個人の活動力を単に「引き伸ばす」だけではなく、同時に「折り曲げる」ことによっても成り立っているからである。個人の活動力が否応なく、あるいは「しぶしぶ」折れ曲りつつ組織に従う。それが個人に対する「組織の力」であったし、またそこから組織は「組織としての力」を個人から引き出しているはずである。
　組織の「力」と「余剰物となる部分」は、どのように関係しているのだろうか。これは、組織と個人との関係を考える上で興味深い視点である。しかし、これをさらに展開することは、今のところ十分にはできない。考察のための具体的な材料に欠けているからである。ここでは最後に、組織における「齟齬」の視点を加えることで、筆者の考察を締めくくることにしよう。
　コミュニケーションが、どういうわけか上手くいかない。相手に何か

を伝えようとしたり、伝えたつもりでも、また相手から何かが伝えられ
ていても、それがどういうわけかすれ違っていたり、納得できなかった
りする。こうした「齟齬」の場面は至るところにある。組織の外からで
あれ（SD ③）、組織の中においてであれ（SD ④）、いずれにしても私た
ちは、この「どういうわけか」の先に「組織」というものを見出す。こ
れは組織の側からすれば、常に「余剰物となる部分」を抱えつつ組織が
活動していることに対応するのであろう。要するに、組織と個人は、常
に何らかの「齟齬」を生み出しつつ、同時にどこかで「折り合い」を生
み出し続けている、そのような関係にある。この視点は、「組織とは何
か」を考える際の出発点にすることができるのではないだろうか。

　齟齬を完全に排除することはできない。排除してしまえば「折り合
い」も必要なくなるであろう。しかし、それはもう「組織」とはいえな
い。そうだとすれば、人々との「齟齬」と向き合い、それを「折り合
い」としてどのように更新していくか、これが組織にとって課題とな
る。組織をめぐって生じる人々の齟齬や違和感を上手く拾い上げること
で、それを組織の変化やイノベーションの「力」にできるのではない
か。

V. おわりに

　組織とは、コミュニケーション（とりわけ齟齬）を通して現れるもの
であり、メンバーの行動を折り曲げ／引き伸ばすことから構成される力
である。哲学対話から見えてくる「組織」を筆者なりに定式化するとす
れば、ひとまずこのようになるだろう。またこの定式化は、そもそも組
織が「見えない・分からない」ことを含意する。つまり、組織が単に
「所為にされる」先として現れるものであること、あるいは単に「力」
として「存在するかのように」語られるしかないものであること、こう
したことが「組織」の本質として含意されている。

　組織が「見える・分かる」と考える枠組みからすると、これはある意
味で挑発的・挑戦的な見方であるといえる。しかし実際、私たちの日常

的な経験を出発点に据えるならば、たとえそのメンバーであっても「組織」は見えない・分からないことだらけである。組織は、その「所為にする」しかなく、そこからやってくる「力」としか言えない。哲学対話は、この点を具体例の中から掘り起こしたと考えることができる。言い換えれば、組織を（見える・分かるという）実体的な観点ではなく、むしろ（見えない・分からないという）力動的な観点で捉えたのである。

　最後になったが、ここに紹介されなかったものも含めて、「仕事と価値」および「組織」をテーマとした SD に参加し、研究に協力してくださった皆さん全員に感謝する。皆さんの具体的な体験に基づいた粘り強い対話がなければ、こうした「組織」に関する考察は不可能であった。

注

1）ワークショップとしての SD は、戦前のドイツの哲学者レオナルト・ネルゾン（Leonard Nelson, 1882-1927）による「ソクラテス的方法」を源流とし、1990 年代に入って主にドイツ・英国・オランダで盛んに実践されるようになった。SD の理念や実践を紹介した書物としては次のようなものがある。Kessels, J. (1997/2001) "*Socrates op de markt. Filosofie un bedrijf*" Boom, Amsterdam、Saran R., Neisser, B. (Eds.) (2004) "*Enquiring Minds: Socratic Dialogue in Education*" Trentham Book, London、堀江剛（2017）『ソクラティク・ダイアローグ—対話の哲学に向けて』大阪大学出版会。

2）平成 29〜令和 3 年度（2017〜2021 年度）科学研究費助成事業（挑戦的研究（萌芽））「組織における価値の働きに関する臨床哲学的研究」（課題番号：17K18462、代表者：堀江剛）の助成によって実施された。SD の参加者は、この研究に協力する形で参加し、研究のための同意書への署名をいただいている。

3）例の公表にあたっては、特に例の提供者からの申し出、および SD 参加者に許可を得た上で、個人を特定されないよう、元々の詳述から一部表現に変更を施している。

第5章

高齢者のケアにおける「人権に基づくアプローチ」

Ⅰ. はじめに——なぜ RBA なのか

　筆者は人権教育（human rights education）の研究者である。国際人権法学と教育社会学の間に軸足を置き、国際的に合意された人権の基準が、草の根の人々にどのように理解（あるいは誤解）され、人々の日々の暮らしをより良いものへと変革したり、国や組織のアカウンタビリティ（説明責任）を引き出すツールとなっているのかを、日本をはじめ、東アジアのいくつかの国々をフィールドに、研究してきた。

　1980 年代終盤、東西冷戦が終結に向かうと、民主化「第三の波」（Huntington 1991）はアジアに波及し、独裁政権や軍事政権の下にあった国々では次々と民主化運動が起こり、新たな政権が誕生した。民主化運動とは、政治のレベルで、民主主義・法の支配と人権の実現を求める運動であった。

　一方、冷戦終結から三十数年が経過し、人権はいま、政治のレベルから、より個別領域での、政策や実践に近づいている。高齢者のケアの領域に導入されるようになった「人権に基づくアプローチ」（human rights based approach：RBA または HRBA と記される。本章では RBA と記す）は、その一例である。本章はこれに焦点を当てるものである。

　ところで、人権教育の研究者である筆者が、本章で高齢者のケアと RBA の関係を取り上げる理由は２つある。ひとつは、私自身もあと数年で「高齢者」にカウントされる年齢となり、ひとりのステイクホルダーとして、高齢期の人権保障について日々考えるようになったからであ

る。

　高齢期とは、単なる年齢区分ではなく、社会的に構築された概念である（Fredvang & Bigg 2012）。日々、アンチ・エイジング広告を目にし、生物学的年齢より若々しく見えることに価値があると刷り込まれる一方で、身体機能の衰えや病気によって「行為できなくなること」を欠陥としてまなざす社会では、高齢者はエイジズム（agism：年齢差別）とエイブリズム（ablism：健常主義）による、二重の疎外とディスエンパワメントを経験せざるを得ない。私はそんな経験はしたくないし、高齢期というものを人権の視点に立って再構築したいのである。

　ところで、還暦を目前に控えた私自身が、高齢期に突入することを気にし始めたこと自体、実は、グローバル・エイジングという世界的現象の一部をなしている。世界は急速な高齢化を経験しつつあり、今から約40年後には、世界人口の2割弱、先進国では約3割が65歳を超えると推計されている（内閣府 2020）。そうした変化の中で、世界は今、高齢者を無力な被援助者として疎外し、従属的な位置に留め置くのではなく、人間の尊厳と権利に基づきサポートする「人権に基づくアプローチ」を採用し、これを法や政策を通じて、主流化しようとしている。

　そこで、本章ではこうしたアプローチが生まれた背景や、その基本的な考え方、海外での取り組みの一部を紹介し、RBA が高齢者のケアにおいて持つ意義を、とりわけ「日本的文脈」の中で考えることとしたい。

Ⅱ. 人権を考えるうえでの「日本的文脈」
── 「思いやり」に置き換えられる人権？

　ところで、わざわざ「日本的文脈」と書いたのには、理由がある。RBA が浸透するには、日本社会に特有のハードルがある、と筆者自身が常々感じてきたからである。RBA とは──詳細は後述するが──「弱い立場に置かれているその人」を援助の対象者としてではなく、権利（人権）の保持者としてとらえ、問題を解決しようとするアプローチ

である。それゆえ、その人が自らの権利を知り、主張し、請求する力をつけることを重視する。だが日本では、人権が自分自身の権利であるという意識も弱く、人権尊重とは、弱者に対する「おもいやり」「やさしさ」「いたわり」を持つことだという、徳目的・心情主義的な考え方が根強い。さらに、このような徳目的人権観が、弱者に対するパターナリズムを正当化し、「援助の対象者」が自ら権利を主張することを嫌う風潮すら生んでいる。ちなみにパターナリズムとは、保護主義とか、温情主義と訳されるとおり、強者が「弱者の利益」のためだといって、本人の意志に関わりなく、介入・干渉・支援を行うことを指す言葉である。

　なお、このことに関わって、筆者自身がミレニアムの転換期となる1999年から2000年にかけて実施した調査の結果を簡単に紹介したい。関東から九州まで、各地の教育委員会等が実施した、教員を対象とした人権研修の場を借りて、1700人以上の参加者を対象に、「研修前アンケート」を行なったのである。その中の設問のひとつに、「人権とは何でしょうか。あなたの言葉で定義してください」という問いを自由回答方式で設けたのであるが、なんと驚いたことに、最もまとまっていたのは、「おもいやり」「やさしさ」「いたわり」という回答だったのである。

　これには考えさせられた。人権を英語で記すと、human right "s" である。中学校の英語の授業で最初に習うが、可算名詞は複数形になると "s" がつく。ということは、人権は数えられるほど具体的な権利のはずなのだが、残念ながら日本では、人権とは何となく「人にやさしく」といった抽象的レベルでしか理解されていないことが、伝わってきた。

　また、アンケートで多かったもうひとつの回答は「人が生まれながらに持つ権利」という定義であったので、続く研修会では、「あなたが生まれながらに持っている権利にはどんなものがありますか」と参加者に尋ねてみることにした。すると、「衣食住」「自由・平等」「差別を受けないこと」などはあがってくるのだが、どこの研修会でも、権利のリストが10を超えないまま、行き詰ってしまうという事態に直面した。また、「考えたことがないからわかりません」とか、「権利、権利と言いすぎるから、世の中が寒くなる」という声が返ってきたことにも驚いた。

この調査から、日本では（教員だけのことではあるまい）、人権が抽象的にしか理解されておらず、権利を主張することにも、ネガティブな感情があることが浮かびあがった。ただ、念のために言っておきたいのだが、私自身は「思いやり」を頭から否定したいのではない。それが対等な人間関係の中で、お互いをサポートし合おう、という感覚なら、大いに歓迎したいとすら思う。だが多くの場合、「弱者に対する思いやり」は、えてしてパターナリズムと混同されてしまうのだ。強者が弱者を助けてやればよい、ためになることを決めてやればよい、その代わり弱者は強者のいうことを聞いておけばよい、ということになれば、弱者の側の自己主張は、勝手な思い上がりだと否定されることになってしまう。人権尊重が、パターナリズムに読み替えられ、弱者の主張を抑圧することこそ、人権の「日本的文脈」である。

　なお、人権を「思いやり」「やさしさ」「いたわり」と取り違えてしまうことの問題は、ほかにもある。これらは、私人間の人間関係の中で使われる言葉であるから、人権教育・啓発において、これらが強調されてしまうと、私たちが日々直面するさまざまな人権に関わる問題を、人間関係の改善や「心の持ちよう」によって解決すべきだというメッセージを発信することになってしまう。ここには、人権を実現する責務を持つ国や公的機関の役割を問う視点もなければ、法・制度や組織による取組みによって問題を解決しようという意志もない。

　さらに、このような私的な心がけや努力を強調する考え方が、自己責任・自己救済の風潮が強まる現代のネオリベラルな社会に、極めて高い親和性を持つことこそ、やっかいな問題でもある。「思いやり」型人権尊重キャンペーンをはっていたほうが、国も、組織も、コミットメントから逃れることができる。だが、ケアの現場で「思いやり」を強調すれば何が起こるだろうか？問題を、たった一人で、私的に抱え込んでしまった労働者は、バーンアウトするにちがいない。

Ⅲ. 世界中すべての人の人権をリストにした「世界人権宣言」

　RBA は「人権に基づくアプローチ」であるから、「思いやり」ではなく「人権」を基盤に据えるところからスタートする。だから、まずは政策立案者も、現場の労働者も、「人権とは何か」を知らなければ始まらない。「あなたはどんな人権を持っていますか」という問いに、答えられなくてはならないのだ。

　人権とは、「人間らしく生きるための条件」である。歴史を振り返ると、人間らしく生きたいという思いを持つ人々が、声をあげることによって、これらは言葉を得た。18 世紀の市民革命から生まれたフランス人権宣言も、アメリカ独立宣言も、こうした条件をリストにしたものである。また、人権は法に記されるという特徴がある。人権を社会の共通ルールに据え、その実現を国の責務とするためである。興味深いことに、human rights の "rights"（権利）にあたる単語は、オランダ語（regt）、ドイツ語（Recht）、フランス語（droit）などのヨーロッパの言語においては、いずれも「法」という意味がある。なるほど、だから人権のリストは、必ず各国の憲法の中に置かれるし、世界人権宣言も、国際人権諸条約も法なのだ（条約は国際「法」である。世界人権宣言は国際慣習法）。

　ところで、特筆すべきは、1948 年 12 月に国連総会において採択された世界人権宣言の持つ意義である。原題は、Universal Declaration of Human Rights であり、直訳すると、「人間の権利の普遍的な宣言」となる。世界人権宣言は、これまでのような、各国憲法に記された人権——国が保障すべき自国市民の権利——の範囲を超え、世界史上で初めて、世界中のすべての人の権利を記した文書となったのである。

　この時期に、国際社会が普遍的な人権リストを作成したのは、第二次世界大戦で世界が未曽有の惨禍を経験したことが背景にある。また、その根底には、ジェノサイドを正当化した、人種主義と植民地主義があった。そこで戦後の国際社会は、すべての人の尊厳と権利を等しく認めることが、平和の礎になるとの考えに立ち、国際連合を設立した。世界人

権宣言とは、まさにその理念を体現した文書なのである。

　世界人権宣言には、平等原則とともに、「自由権」（身体の自由、拷問・奴隷の禁止、思想や表現の自由、移動の自由など）、「社会権」（教育への権利、労働者の権利、社会保障を受ける権利、人間らしく生きるための生活水準など）が記されている。また世界人権宣言は、その後、国際連合で採択されたさまざまな国際人権諸条約の基となるもので、その重要性から、国連ではこれを多数の言語に翻訳し、普及に力を入れてきた。資料として本章末に掲載しているので、ぜひ自分の、そしてすべての人の有する人権とは何か、確かめてみてほしい。なお、法的な文書であるから、読みにくさを感じるかもしれない。ヨーロッパでは「やさしい言葉でかかれた世界人権宣言」が作成されているので（日本語訳のリンクを資料に紹介）、こちらも参照してほしい。

Ⅳ．高齢者の人権と“発見”された「高齢期」

　ところで、「普遍的人権」は、その後、さまざまな「顔」を持って、発展してきた。

　国連は、世界人権宣言以後、法的拘束力を持つ（＝条約の締約国に義務を課す）国際人権諸条約を起草し、採択してきた。その中には、例えば女性差別撤廃条約、障害者権利条約、移住労働者とその家族の権利条約などのように、差別・排除によって権利の享受や行使を妨げられてきた、マイノリティ集団の権利を保障するための条約がある。これらはいわば、マイノリティの「顔」を持つ条約である。

　一方、子どもの権利条約のように、やや異なる「顔」を持つものもある。「子どもの権利」という考え方は、「すべての人は、生まれてから死ぬまで、あらゆる段階において権利を有する」という、人間を連続的な時間を生きる存在としてとらえる視点と、その中には「子ども期」という特別な時期がある、という考え方から生まれた。

　1960年に『〈子ども〉の誕生』を著したフランスの歴史学者、フィリップ・アリエスが、絵画や日誌などを分析し、中世には「子ども期」と

いうような意識がなく、「子どもは近代において発見されてきた存在である」と述べているとおり、近代以前には、子どもを早く労働力にするという考えはあっても、子どもの特性を認めたり、子ども期に特別な意義を見出す考え方はなかったのである。子ども期を特別な時期として意味づけたのは、18世紀フランスの哲学者・思想家であり『エミール』を著した、ジャン・ジャック・ルソーであった。

　このような子ども期の発見があるからこそ、子どもの権利条約が成立した。条約には、生きる・育つ・守られる権利とともに、子どもに関する事がらは「子どもの最善の利益」に基づいて決めること、子どもの意見表明を尊重すること、非差別の原則が記されている。まだ成長過程にある子どもは、虐待や放任、児童労働などの搾取から守られることが絶対に必要であるが、だからといって、子どもは保護されるだけの存在ではない。一人の子ども市民として、意見を表明する権利を有する。

　ひるがえって、「高齢者の権利条約」という国際人権条約は、いまだ存在していないが、世界的な人口の高齢化が進む中で、国連でも1980年代以降は、高齢者の人権保障に焦点をあてた取り組みを進めてきた。高齢者問題世界会議の開催（1982, 2002）、国連総会における「高齢者のための国連原則」（自立、参加、ケア、自己実現、尊厳）の採択（1991）、国際高齢者年（1999）、高齢者の人権保障を議論するための「オープン・エンデッド・ワーキンググループ」の設置（2010）、国連人権理事会による「高齢者による人権享受に関する独立専門家」の任命（2014）などである。高齢者の参加と意見表明を基礎としながら、高齢者の人権保障を確実なものとするための課題や条件についてのグローバルな議論が始まっている。

V．人権に基づくアプローチ（Human Rights Based Approach）

1．パターナリズムが妨げる権利行使
　ところで、あらゆる人権は普遍的であると同時に、不可分で、相互に

依存する、という原則がある（1993年世界人権会議で採択された「ウィーン宣言及び行動計画」）。わかりやすくいえば、世界人権宣言や国際人権諸条約に記された人権はどれもみな、自由権も社会権も、例外なく高齢者の権利であり、特定の権利だけを選択的に保障し、別の権利をないがしろにするのは許されない、ということである。例えば、「高齢者だから、医療や社会保障の権利さえ手厚く保障されれば、他の権利が多少軽視されても仕方がない」というのはダメなのである。

　だが、高齢者ばかりでなく、介護・介助・看護などのケアを必要とする人々の権利は、そもそも侵害を受けやすい。「自立していない」「無力な人」というスティグマによる差別や排除に加え、パターナリズムが権利行使を妨げるからである。パターナリズムは、医療においては高度な知識・技術を持つ専門家による支配というパターンをとるが、ケア領域においては、やさしさといたわりに溢れる関わりが、ケアされる側の「弱者」役割を固定化し、感情労働による支配を生み出す。奇妙なことに、まったく異質な「専門性」と「やさしさ」は、どちらもケアする側の優位な立ち位置を作り出す作用を持ち、ケアを必要とする人々の、参加や自己決定の機会を奪ってしまう。RBAとは、パターナリズムからケアを解放し、高齢者を無力なケアの受け手ではなく、権利の主体ととらえ、ケアを高齢者の権利として位置づけなおすものである。

２．開発援助の領域における RBA

　ところで、高齢者のケア領域での導入に先立ち、RBAは、1990年代後半から国際的な開発援助の領域において、導入されるようになった概念フレームワークである（JICA 2014）。UNDP（国連開発計画）やUNICEF（国連児童基金）などの国連機関が、プログラムを実施するにあたって、積極的に導入してきた。

　このような概念フレームワークの生成に大きな影響を与えたのが、アマルティア・センの「潜在能力アプローチ」である。従来、貧困の解決には、生産や所得の改善、外部からの資源投入が考えられてきたが、センは、貧困を「単なる所得の低さではなく、基本的な潜在能力が奪われ

た状態」ととらえており、開発は、人々の潜在能力を拡張する過程だと位置づけた。

RBAにおいても、貧困を個人の問題としてではなく、教育や労働の権利、意思決定への参加の権利など、人権がはく奪されてきたことの結果としてとらえ、これらの貧困の要因をなくすこと——すなわち、はく奪されてきた権利を実現すること——によって、問題を解決しようとする。そのために、RBAでは、その当事者が自分自身の権利を知ることによってエンパワーし（自分が権利の主体である、と気づくことはエンパワメントである！）、「権利の保持者」（rights-holders）として、権利の実現を請求できる力をつけ、自分自身の暮らしに関わる決定のプロセスに参加できるように支援する。

また、市民の権利を実現する「責務の保持者」（duty-bearers）——一義的には、国や自治体、公的機関などであるが、そのプロセスに関わる民間のアクターも含まれる[1]——の側にも目を向け、その責務を明らかにするとともに、説明責任と応答能力を高めるよう支援する。こうして、双方への働きかけと、相互関係の強化によって、問題解決能力を高め、持続可能な開発を実現することを目指す。

3．福祉における RBA

こうした考え方が、開発援助の領域だけでなく、福祉に関わる政策にも浸透するようになったのは、国連の「障害者の権利に関する条約」（障害者権利条約）の成立によるところが大きい。

この条約は、すべての障害者の、尊厳と権利を保障するための条約として、2006年に国連総会で採択され、その作成過程には、"Nothing About Us Without Us"（私たちのことを、私たち抜きに決めないで）をスローガンに、世界の障害者当事者が参加した。障害者を医療や福祉の客体化するパターナリズムに対峙し、当事者こそが権利の主体であり、自己に関わる重要な決定のプロセスに参画する権利を有するということを、これほどシンプルに、かつ強力に示したフレーズはない。

ところで、この条約では、障害を「医療モデル」ではなく、「社会モ

デル」からとらえている。「医療モデル」では、障害とは病気や傷害、その他の健康状態から起こっている、その人の特性であり、専門家による治療や介入により改善されるととらえているが、「社会モデル」では、健常者を前提として作られた社会との関わりの中で生じるものが障害だととらえる。そこで、この条約においては、障害者の「自律」（自ら選択する自由を含む）と「自立」の尊重（第3条(a)）と共に、障害を理由に権利の行使が妨げられることのないように、合理的配慮（reasonable accommodation）——人権を行使するために必要かつ適切な「変更および調整」を、但し過度な負担を課さない範囲で行うこと——を求め、合理的配慮の否定は差別であるとも規定している（第2条）。

　このことは、自立の概念を大きく変えた。「一人でなんでもできること」が、自律・自立だというのは、健常者モデルの考え方にすぎない。「社会モデル」の視点に立てば、「できなくさせている社会」に衡平（equity）の保障を求めることで、権利の主体である障害当事者の、権利行使を保障する。

　衡平とは、法を平等に適用するだけでは不公平な結果が生まれてしまう場合に、それを是正するための原理である。例えば、身長の異なる3人が塀の向こうで行われているイベントを見ているとする（図5-1）。同じ高さの踏み台を与えられても、まだ身長の一番低い者はイベントを見ることができないが、3人の身長に応じて、踏み台の有無や個数を変えれば、全員がイベントを見ることができる。衡平とは、このように、3人のちがいを踏まえた手続きを確保する考え方である。

　ところで、RBAは、認知症政策の領域にも導入が進んだ。その先鞭をつけたのはスコットランドである。イギリスが2009年に障害者権利条約を批准すると、同じ年にスコットランド議会は、「スコットランド認知症の人とケアラーの権利憲章」（Charter of Rights for People with Dementia and their Carers in Scotland）を採択した。憲章は、スコットランド議会のアルツハイマーに関する超党派議員グループ、スコットランド人権委員会とともに、認知症当事者の参画によって起草され、認知症の人々とそのケアラー、地域社会全体をエンパワーし、認知症の人々

図5-1　平等（equality）と衡平（equity）
（出所）イラスト：筆者作成

の権利が認識・尊重されることを目的としている。憲章では、RBA を実践にレベルに持ち込むための方法として、「PANEL 原則」と呼ばれる以下の 5 原則を取り入れている。

P（participation：参加）
　当事者が人権に影響を与える決定に参加すること
A（accountability：説明責任）
　人権の尊重（respect）、保護（protection）および実現（fulfillment）
　に責任を負う者が、説明責任を果たすこと
N（non-discrimination：非差別）
　非差別と平等
E（empowerment：エンパワメント）
　当事者が自らの権利を知り、それを請求する方法を知ること
L（legality：合法性）
　すべての決定が、プロセスにおいても、また、最終的な決定そのも
　のも、法である人権基準に明確に基づいていること

　憲章を採択したスコットランドでは、その後の認知症政策、指針、実践のすべての基盤に、RBA とこの憲章、および「障害者権利条約」が

据えられるようになり、「スコットランド自治政府や政策立案機関は、認知症当事者を『認知症の専門家』で『パートナー』であるととらえ、RBAに不可欠な『当事者参画』を確保することで、当者の経験や意見を政策などに反映させてきた」（林 2017: 741）という。

　もちろん、スコットランドでは、RBAを認知症の領域に限定しているわけではない。RBAは、健康と社会的ケアに関わる幅広い領域にも導入され、スコットランド人権委員会を中心に、RBAをどのように現場で統合・実践するのかについて、ケーススタディ集を2016年から作成している[2]。そこには、ケア・サービスの提供や、啓発・アドボカシーに関わる多様な団体の実践が紹介されている。

4．セルフ・アドボカシーと認知症ワーキンググループ

　ところで、スコットランドにおいて、当事者参画が政策立案の過程に位置づいていった背景には、認知症当事者による、セルフ・アドボカシー（当事者による権利擁護）の運動があり、「スコットランド認知症ワーキンググループ」が重要な役割を果たしてきたことがある。このグループは、1999年に認知症の診断を受けた一人の当事者が、「介護者や専門家が認知症問題について意見表明するのに、なぜ認知症当事者には、グループがないのか」と疑問を持ったことがきっかけとなり、2002年に発足した。現在は、アルツハイマー・スコットランドの下で、同団体とスコットランド政府からの資金により活動している。グループは、講演などの啓発活動を行うほか、政府やNHS（National Health Service：国民保険サービス）との協議に対応するなど、政策提言力を高め、国レベルの認知症戦略にも助言を行ってきた。

　このような認知症ワーキンググループ（表5-1）は、国際認知症同盟（Dementia Alliance International：DAI）や、国際アルツハイマー病協会（Alzheimer's Disease International：ADI）、既存の認知症ワーキンググループの尽力によって、世界各地で広がっており、ローカルな団体から、国、リジョンのレベルで活動する団体まである（Alzheimer's Disease International 2019）。

表5-1　認知症ワーキンググループ

年	団体名	日本語名
2000	Dementia Advocacy Support Network International (DASNI)	国際認知症権利擁護・支援ネットワーク
2002	Scottish Dementia Working Group（SDWG）	スコットランド認知症ワーキンググループ
2006	Alzheimer's America Early-Stage Advisory Group（EAG）	アメリカアルツハイマー初期アドバイザリーグループ
2012	Highlands Dementia Working Group, Scotland（HDWG）	スコットランド・ハイランド地方認知症ワーキンググループ
2012	European People with Dementia Working Group (EUPDWG)	ヨーロッパ認知症ワーキンググループ
2013	Dementia Australia Dementia Advisory Committee (DADAC)	アルツハイマー・オーストラリア認知症アドバイザリー委員会
2013	Irish Dementia Working Group（IDWG）	アイルランド認知症ワーキンググループ
2014	Japan Dementia Working Group（JDWG）	日本認知症本人ワーキンググループ
2014	Southern (Kiama) Dementia Advisory Group, Australia (DAG's)	キアマ認知症専門グループ（オーストラリア）
2014	New Zealand Dementia Advisory Committee (NZDAC)	ニュージーランド認知症アドバイザリー委員会
2015	Ontario Dementia Advisory Group, Canada (ODAG)	オンタリオ認知症ワーキンググループ（カナダ）
2016	Dementia Advocacy Awareness Team, Australia (DAAT)	オーストラリア認知症アドボカシー・啓発チーム
2017	3 Nations Dementia Working Group（3NDWG）	3か国認知症ワーキンググループ（イングランド・ウエールズ・北アイルランド）
2019	Finnish Memory Working Group	フィンランド記憶ワーキンググループ
2019	Flemish Working Group for People with Dementia	フランダース地方認知症ワーキンググループ（ベルギー）
2019	Icelandic Working Group of People with Dementia (IWGPWD)	アイスランド認知症ワーキンググループ
2019	Dementia Advisory Group in Chinese Taipei	台北認知症アドバイザリーグループ

（注）団体名の日本語訳については、既存の出版物等に見当たらない場合、筆者による
（出所）Alzheimer's Disease International（2019）*World Alzheimer Report 2019* より作成

　RBA は、認知症当事者の側も、政策の立案・実施機関、医療・福祉現場の視点も大きく変える。まず、認知症当事者は、自らが「権利の保持者」として決定のプロセスに参画することで、エンパワーする。また「当事者だからこそ伝えられるものの見方や考え方」は、政策を立案する側にとって重要な情報となる。また、当事者の権利の請求に応える「責務の保持者」は、認知症に対する取り組みを「問題を起こす人」への対策という視点ではなく、人権の実現としてとらえるようになり、積極的な視点からその役割を果たすことになる。

5.　欧州および国際機関の取り組み

　もちろん、これはスコットランドだけのことではない。ヨーロッパでは、EU 基本憲章が年齢による差別の禁止と（第 21 条）、高齢者の権利（第 25 条）を定めているので、EU の高齢者政策も RBA を導入している。EU 基本権機関（European Union Agency for Fundamental Rights、以下 FRA と記す）のレポート『認識の変化：権利に基づく高齢化へのア

プローチ』(FRA 2018) でも、高齢期を「何かが不足している」状況ととらえるのではなく、必要な保護と支援を得て、年齢に関わらず誰もが平等に権利を享受することを重視している。また FRA では、そこに複合的な視点も導入し、多様な背景を持つ市民——移民や民族的マイノリティ、障害のある高齢者、地方に暮らす高齢者など——が排除されないよう、その権利の擁護にも力を入れている。

　また、ヨーロッパ各国の国家人権委員会のネットワークである、ENNHRI (European Network of National Human Rights Institutions) は、2017 年に『私の権利を尊重してください：高齢者の介護における RBA の適用についての ENNHRI ツールキット』(ENNHRI 2017) を作成し、とりわけ入所型介護施設における RBA の検証を行っている。これまでの施設では、設計や部屋の配置から、施設内でのスケジュールの組み方、外部とのアクセスや訪問の在り方、スタッフのトレーニングに至るまで、スタッフの便宜を第一に考えがちであったが、居住者の身体的・社会的ニーズを満たし、入所者が「創造的で機知にとんだ人として評価されるよう、成長と発展の機会」を保障することを提言している。

　ヨーロッパにおける国家人権委員会のネットワークが、こうした取り組みを行っていることからわかるのは、ヨーロッパではすでに、「権利の保持者」「責務の保持者」に対する働きかけを強化するだけでなく、第三者機関（国からは独立した公的機関）である国家人権委員会が各国の状況をモニタリング（監視・評価）し、高齢者と認知症の人々の人権保障を確かなものにしようとしている点である。これに対して日本では、国連人権理事会や、日本が締約国となっている国際人権条約の条約委員会から、国家人権委員会の設置を再三勧告されているものの、こうした機関がいまだ設置されていないことは、たいへんに残念なことである。

　国連の専門機関である世界保健機関（WHO）も、RBA を推進している。WHO では、2015 年に「認知症に対する世界的行動に関する初の WHO 閣僚会議」を開催し、認知症に対する取り組みにおいては、RBA が鍵となることを確認した[3]。また、WHO のウエブサイトでは「認知症の人のための人権に基づくアプローチの確保」(Ensuring a human rights-based approach for people living with dementia) を リ リ ー ス し、PANEL 原則と世界各地の取り組みを紹介しているほか[4]、2017 年には、認知症に関わる各国、およびグローバルなレベルでの政策やインフラ、サービス提供と進捗状況をモニタリングするオンライン・プラットフォーム「グローバルな認知症オブザーバトリー」（The Global Dementia Observatory）を立ち上げた[5]。

VI. RBA に対する誤解── 「RBA はやりがい搾取」？

RBA の基本理念は明確である。ケアを必要とする人を一人の人間として、権利を持つ存在として見ること、その人の視点から世界を見ることである。また、ケアを提供する側が、「責務の保持者」の視点から、ケアをとらえることである。

だが、RBA は日本的文脈の中で誤解も受けやすい。当事者の参加や自己決定を支援することは、現場に余計な仕事を増やし、「高齢者のエンパワメントのために」といいながら、ケアする側にプレッシャーをかけ、「やりがい搾取」を招くのではないか、と。

だが、RBA は決して、個人的な努力や心がけを求めるものではない、ということを確認したい。RBA は、「権利の保持者」と「責務の保持者」の位置づけと役割を明確化し（相互に応答するシステムとしてとらえる）、法に基づく権利の実現のために、組織的な取り組みを推進するものである。

また RBA では、目的と期待される結果が明確に設定されるので、ENNHRI によると、一貫性と効率性をもった組織的取り組みが可能になり、よりよい組織文化が生まれる。さらに、組織の透明性と説明責任が強化され、サービス利用者側からの苦情が減り、ステークホルダー間の関係が改善されること、労働者の人権にも敬意が払われることによって、労働者のストレスや欠勤率が下がり、生産性の向上にもつながること、高齢者の生活の質の改善や重大事象の減少などによって、介護に関連するコストの一部を削減できると、指摘している（ENNHRI 2017: 16-

17)。

Ⅶ．課題──自分の権利を率直に主張できるようになるには

　日本でも、認知症の当事者団体、研究者や実践家がRBAの重要性を提言している。これを高齢者のケアの領域にも浸透させていくためには、何が課題となるであろうか。

　もちろん、高齢当事者が、一人の人間として権利の主体だということに、異議を唱える者はいまい。だが、残念ながら、自らを権利の主体として認識し、その権利の実現を請求するという考え方や生活スタイルは、高齢者ばかりでなく、日本社会に十分に根づいているとはいいがたい。日本で長年暮らしてきた高齢者が、自分のニーズを権利として理解し、率直に主張し、請求できるようになるには、私たちはどのような道筋を通っていけばよいのだろうか。

　福祉サービスが「措置から契約」へと変わり、それを必要とする当事者が契約の主体になったとはいえ、今でも必要なサービスが何かを、（本人に意思決定能力があったとしても）家族やサービス提供者等が実質的に決めてしまうようなことは、私の周辺でもたくさん起きている。どうも、権利の請求者という言葉には、「押しの強い」「エゴイスティックな」イメージがつきまとうらしい。そして高齢者自身も、「これから世話になるから」といって遠慮し、自分の希望を語ることを控えてしまうのだ。

　だが、権利の請求者＝「強い個人」というイメージこそ、変えるべきではないだろうか。権利は「押しの強い人」のものではなく、弱い立場にいる人こそ、守るためにある。決して強くはない個人がエンパワーし、主体として言葉を発することができるよう、その支援から始めてはどうだろうか。いくつかのヒントは、障害者運動の中のピアカウンセリングや、生きづらさを共有する場としての「自助グループ」や「当事者会」などの場にも、ありそうである。

　また、高齢当事者は（おそらく介護者も）、日々のふとした不安や困り

ごとを、人権問題として語ってはこなかった。だがこれを、あえて人権の言葉に置き換え、考えることを習慣づけ、積み重ねてみてはどうか。

　スコットランド人権委員会が収集したケースの中に、入居型介護施設の入居者とスタッフが、ワークショップを繰り返し行い、介護が双方にとってのエンパワメントとなり、充実したものとなるために、「少なくともこれだけは実現されるべき」と考える人権を16条の「成人・高齢者のための施設入居者の権利に関する協定」にまとめた、という実践事例がある。プロセスはシンプルで、「施設に暮らすことの良い点と悪い点は？」「良い介護や支援とは？」…といったオープン・ダイアログを進める中で、例えば、「スタッフが私の部屋に入るとき、ノックしてくれないことがある」という言葉を高齢者が発した。このことは、「入居者はプライバシーと秘密を守る権利がある」と置き換えられ、協定の条文となった。そしてこの権利は、国内法や国際人権基準にも関連づけられている。また入居者から出された、地域のイベントに出かけたい、教会にも行きたい、…という強い願いは、「入居者は地域生活への権利がある」という条文になった。そもそも、人権の普遍性の原則に立つのなら、「介護施設に移動したからといって、個人の権利が減ってはいけない」のである。

　もちろん、長期的視点に立てば、日本の人権教育そのものの見直しも重要である。即効性があるとはいえないが、学校で繰り返し受ける人権教育を、徳目的な価値を学ぶ場から、「権利について知り、学ぶ」場へと変えていくことも、長期的には必要である。もちろん、学校ばかりでなく、人権啓発や研修の場を活用すれば、年齢に関わりなく、今からだって、始められる。「人権教育及び研修に関する国連宣言」（国連総会で2011年に採択）の第1条は、「すべての人は、人権と基本的自由について知り、情報を集め、手に入れる権利を有し…」という文言で始まる。自分の人権を知ることは権利なのである。そして、自分の権利を知ることは、自分が権利の主体であり、社会の大切な一員である、ということを実感する、エンパワメントのプロセスである。

＊

　私が、RBA に出会った 2000 年当時、それは、ポスト冷戦期における政治体制の民主化を推進する枠組みとして力を発揮していた。しかしこれは現在、高齢者や認知症の人々の権利保障など、より身近な、暮らしに関わる枠組みとしても浸透しつつある。また、RBA の導入は、「権利の保持者」と「責務の保持者」の役割と責務を明確にすることになるため、高齢者や認知症の当事者と、国・自治体、介護サービスの提供者との間に、参加・意見表明と応答のサイクルが生まれ、その中でサービスの改善や、組織・システムの改革が進んでいる。RBA が、こうした循環を作り出したのである。

　ところで、高齢者のケアの領域での RBA 導入事例や、その評価報告書は数多くあり、各国の人権委員会や ENNHRI、FRA、WHO のサイトから、オンラインで入手可能である。職場で、組織で、地域でどう使えるか？というヒントを得るためにも、ぜひ情報を自ら収集してほしい。

注
1) 責務の保持者とは、一義的には国際人権条約や憲法の名宛人である国や国の機関であるが、Huenchu et al.（2011）の指摘の通り、民間のアクター（civil society actors）含まれる。
2) Scottish Human Rights Commission, the Health and Social Care Alliance, and NHS Health Scotland（2016, 2019）Human Rights in Health and Social Care ― Putting it into practice: Case studies from Scotland（健康と社会的ケアにおける人権―それを実践する：スコットランドにおけるケーススタディ）（https://www.scottishhumanrights.com/media/1885/shrc_case_studies_report_updated_proof_03.pdf）。また、Health and Social Care Action Group がケーススタディの動画を公開している（https://www.healthandsocialcare-snap.com/case-studies/）。
3) First WHO Ministerial Conference on Global Action Against Dementia（https://apps.who.int/iris/bitstream/handle/10665/179537/9789241509114_engpdf）.
4) Ensuring a human rights-based approach for people living with dementia（WHO/MSD/MER/15.4）（https://www.who.int/mental_health/neurology/dementia/dementia_thematicbrief_human_rights.pdf）.
5) https://www.who.int/data/gho/data/themes/theme-details/GHO/global-dementia-observatory-（gdo）

参考文献
国際協力機構 企画部（2014）「Rights Based Approach とは」（https://www.jica.go.jp/activities/issues/special_edition/security/ku57pq00002j5bmp-att/with_rights_based_approach.pdf）
内閣府（2020）『令和 2 年版高齢社会白書』

林真由美（2017）「認知症とともに生きる人々のための権利と権利ベースのアプローチ」『精神医学』59 巻 8 号、739-748 頁

Alzheimer's Disease International（2019）*World Alzheimer Report 2019: Attitudes to Dementia*（https://www.alzint.org/u/WorldAlzheimerReport2019.pdf）

Aries, P.（1960）*L'enfant et la vie familiate sous l'Ancien Regime*, Paris, Seuil（杉山光信・杉山恵美子訳（1980）『〈子供〉の誕生—アンシャン・レジーム期の子供と家族生活』みすず書房）

European Network of National Human Rights Institutions（2017）*Respect my Rights: An ENNHRI Toolkit on Applying a Human Rights-Based Approach to Long-term Care for Older Persons*（http://ennhri.org/wp-content/uploads/2019/10/ennhri_17_005_toolkit_for_care_providers-03a-page.pdf）

Fredvang, M. and Bigg, S.（2012）*The Rights of Older Persons: Protection and Gaps under Human Rights Law*, Brotherhood of St Laurence, Victoria

European Union Agency for Fundamental Rights（2018）*Shifting Perceptions: Towards a Rights-based Approach to Ageing*（https://fra.europa.eu/en/publication/2018/shifting-perceptions-towards-rights-based-approach-ageing）

Huenchu, S. & Rodríguez-Piñero, L.（2011）Ageing and the Protection of Human Rights: Current Situation and Outlook, Economic Commission for Latin America and the Caribbean（ECLAC）（https://social.un.org/ageing-working-group/documents/ECLAC_Ageing%20and%20the%20protection%20of%20human%20rights_current%20situation%20and%20outlook_Project%20document.pdf）

Huntington, S.P.（1991）*The Third Wave*（Julian J. Rothbaum Distinguished Lecture Series）, University of Oklahoma Press

【資料】世界人権宣言

　世界人権宣言は1999年に「世界で最も多くの言語に翻訳された文書」となり、現在は529言語にまで翻訳されている（2021年8月現在）。各言語の翻訳は、国連人権高等弁務官事務所（OHCHR）のウエブサイトから利用できる。

　日本語については外務省訳（仮訳）や、公益財団法人アムネスティ・インターナショナル日本による翻訳などがある。

　とくに、ジュネーブ大学のL. マサランティ教授らと、EIP（NGO「平和の手段としての学校のための世界協会」）によって、誰もが理解できるようにと、フランス語の日常会話で使われている約2500語だけを使って書かれたバージョン「やさしい言葉で書かれた世界人権宣言」の日本語訳は『別冊 人権教育の指導方法等の在り方について［第三次とりまとめ］実践編』に収録され、文部科学省サイトに掲載されている。普段使いの言葉で書かれているため、たいへんわかりやすい。こちらも参照しながら、外務省訳、アムネスティ訳などを読んでいただくのがおすすめである。

●関連サイト
・「世界人権宣言翻訳プロジェクト」について（国連高等弁務官）
　https://www.ohchr.org/EN/UDHR/Pages/Introduction.aspx
・日本語仮訳文（外務省）
　https://www.mofa.go.jp/mofaj/gaiko/udhr/1b_001.html
・アムネスティ・インターナショナル訳
　https://www.amnesty.or.jp/human-rights/what_is_human_rights/udhr.html
・「やさしい言葉で書かれた世界人権宣言」
　https://www.mext.go.jp/b_menu/shingi/chousa/shotou/024/report/attach/1370775.htm

●世界人権宣言（外務省仮訳）

前文

　人類社会のすべての構成員の固有の尊厳と平等で譲ることのできない権利とを承認することは、世界における自由、正義及び平和の基礎であるので、

　人権の無視及び軽侮が、人類の良心を踏みにじった野蛮行為をもたらし、言論及び信仰の自由が受けられ、恐怖及び欠乏のない世界の到来が、一般の人々の最高の願望として宣言されたので、

　人間が専制と圧迫とに対する最後の手段として反逆に訴えることがないようにするためには、法の支配によって人権保護することが肝要であるので、

　諸国間の友好関係の発展を促進することが、肝要であるので、

　国際連合の諸国民は、国際連合憲章において、基本的人権、人間の尊厳及び価値並びに男女の同権についての信念を再確認し、かつ、一層大きな自由のうちで社会的進歩と生活水準の向上とを促進することを決意したので、

　加盟国は、国際連合と協力して、人権及び基本的自由の普遍的な尊重及び遵守の促進を達成することを誓約したので、

　これらの権利及び自由に対する共通の理解は、この誓約を完全にするためにもっとも重要であるので、

　よって、ここに、国際連合総会は、

　社会の各個人及び各機関が、この世界人権宣言を常に念頭に置きながら、加盟国自身の人民の間にも、また、加盟国の管轄下にある地域の人民の間にも、これらの権利と自由との尊重を指導及び教育によって促進すること並びにそれらの普遍的かつ効果的な承認と遵守とを国内的及び国際的な漸進的措置によって確保することに努力するように、すべての人民とすべての国とが達成すべき共通の基準として、この世界人権宣言を公布する。

第1条

　すべての人間は、生れながらにして自由であり、かつ、尊厳と権利とについて平等である。人間は、理性と良心とを授けられており、互いに同胞の精神をもって行動しなければならない。

第2条

1．すべて人は、人種、皮膚の色、性、言語、宗教、政治上その他の意見、国民的若しくは社会的出身、財産、門地その他の地位又はこれに類するいかなる事由による差別をも受けることなく、この宣言に掲げるすべての権利と自由とを享有することができる。

2．さらに、個人の属する国又は地域が独立国であると、信託統治地域であると、非自治地域であると、又は他のなんらかの主権制限の下にあるとを問わず、その国又は地域の政治上、管轄上又は国際上の地位に基づくいかなる差別もしてはならない。

第3条

　すべて人は、生命、自由及び身体の安全に対する権利を有する。

第4条

　何人も、奴隷にされ、又は苦役に服することはない。奴隷制度及び奴隷売買は、いかなる形においても禁止する。

第5条

　何人も、拷問又は残虐な、非人道的な若しくは屈辱的な取扱若しくは刑罰を受けることはない。

第6条

　すべて人は、いかなる場所においても、法の下において、人として認められる権利を有する。

第7条

　すべての人は、法の下において平等であり、また、いかなる差別もなし
に法の平等な保護を受ける権利を有する。すべての人は、この宣言に違反
するいかなる差別に対しても、また、そのような差別をそそのかすいかな
る行為に対しても、平等な保護を受ける権利を有する。

第8条

　すべて人は、憲法又は法律によって与えられた基本的権利を侵害する行
為に対し、権限を有する国内裁判所による効果的な救済を受ける権利を有
する。

第9条

　何人も、ほしいままに逮捕、拘禁、又は追放されることはない。

第10条

　すべて人は、自己の権利及び義務並びに自己に対する刑事責任が決定さ
れるに当っては、独立の公平な裁判所による公正な公開の審理を受けるこ
とについて完全に平等の権利を有する。

第11条

1. 犯罪の訴追を受けた者は、すべて、自己の弁護に必要なすべての保障
　を与えられた公開の裁判において法律に従って有罪の立証があるまで
　は、無罪と推定される権利を有する。
2. 何人も、実行の時に国内法又は国際法により犯罪を構成しなかった作
　為又は不作為のために有罪とされることはない。また、犯罪が行われ
　た時に適用される刑罰より重い刑罰を課せられない。

第12条

　何人も、自己の私事、家族、家庭若しくは通信に対して、ほしいままに
干渉され、又は名誉及び信用に対して攻撃を受けることはない。人はすべ

て、このような干渉又は攻撃に対して法の保護を受ける権利を有する。

第13条

1．すべて人は、各国の境界内において自由に移転及び居住する権利を有
する。

2．すべて人は、自国その他いずれの国をも立ち去り、及び自国に帰る権
利を有する。

第14条

1．すべて人は、迫害を免れるため、他国に避難することを求め、かつ、
避難する権利を有する。

2．この権利は、もっぱら非政治犯罪又は国際連合の目的及び原則に反す
る行為を原因とする訴追の場合には、援用することはできない。

第15条

1．すべて人は、国籍をもつ権利を有する。

2．何人も、ほしいままにその国籍を奪われ、又はその国籍を変更する権
利を否認されることはない。

第16条

1．成年の男女は、人種、国籍又は宗教によるいかなる制限をも受けるこ
となく、婚姻し、かつ家庭をつくる権利を有する。成年の男女は、婚
姻中及びその解消に際し、婚姻に関し平等の権利を有する。

2．婚姻は、両当事者の自由かつ完全な合意によってのみ成立する。

3．家庭は、社会の自然かつ基礎的な集団単位であって、社会及び国の保
護を受ける権利を有する。

第17条

1．すべて人は、単独で又は他の者と共同して財産を所有する権利を有す
る。

2．何人も、ほしいままに自己の財産を奪われることはない。

第18条

　すべて人は、思想、良心及び宗教の自由に対する権利を有する。この権利は、宗教又は信念を変更する自由並びに単独で又は他の者と共同して、公的に又は私的に、布教、行事、礼拝及び儀式によって宗教又は信念を表明する自由を含む。

第19条

　すべて人は、意見及び表現の自由に対する権利を有する。この権利は、干渉を受けることなく自己の意見をもつ自由並びにあらゆる手段により、また、国境を越えると否とにかかわりなく、情報及び思想を求め、受け、及び伝える自由を含む。

第20条

1．すべての人は、平和的集会及び結社の自由に対する権利を有する。
2．何人も、結社に属することを強制されない。

第21条

1．すべて人は、直接に又は自由に選出された代表者を通じて、自国の政治に参与する権利を有する。
2．すべて人は、自国においてひとしく公務につく権利を有する。
3．人民の意思は、統治の権力を基礎とならなければならない。この意思は、定期のかつ真正な選挙によって表明されなければならない。この選挙は、平等の普通選挙によるものでなければならず、また、秘密投票又はこれと同等の自由が保障される投票手続によって行われなければならない。

第22条

　すべて人は、社会の一員として、社会保障を受ける権利を有し、かつ、

国家的努力及び国際的協力により、また、各国の組織及び資源に応じて、自己の尊厳と自己の人格の自由な発展とに欠くことのできない経済的、社会的及び文化的権利を実現する権利を有する。

第 23 条

1. すべて人は、勤労し、職業を自由に選択し、公正かつ有利な勤労条件を確保し、及び失業に対する保護を受ける権利を有する。
2. すべて人は、いかなる差別をも受けることなく、同等の勤労に対し、同等の報酬を受ける権利を有する。
3. 勤労する者は、すべて、自己及び家族に対して人間の尊厳にふさわしい生活を保障する公正かつ有利な報酬を受け、かつ、必要な場合には、他の社会的保護手段によって補充を受けることができる。
4. すべて人は、自己の利益を保護するために労働組合を組織し、及びこれに参加する権利を有する。

第 24 条

すべて人は、労働時間の合理的な制限及び定期的な有給休暇を含む休息及び余暇をもつ権利を有する。

第 25 条

1. すべて人は、衣食住、医療及び必要な社会的施設等により、自己及び家族の健康及び福祉に十分な生活水準を保持する権利並びに失業、疾病、心身障害、配偶者の死亡、老齢その他不可抗力による生活不能の場合は、保障を受ける権利を有する。
2. 母と子とは、特別の保護及び援助を受ける権利を有する。すべての児童は、嫡出であると否とを問わず、同じ社会的保護を受ける。

第 26 条

1. すべて人は、教育を受ける権利を有する。教育は、少なくとも初等の及び基礎的の段階においては、無償でなければならない。初等教育

は、義務的でなければならない。技術教育及び職業教育は、一般に利用できるものでなければならず、また、高等教育は、能力に応じ、すべての者にひとしく開放されていなければならない。

2. 教育は、人格の完全な発展並びに人権及び基本的自由の尊重の強化を目的としなければならない。教育は、すべての国又は人種的若しくは宗教的集団の相互間の理解、寛容及び友好関係を増進し、かつ、平和の維持のため、国際連合の活動を促進するものでなければならない。

3. 親は、子に与える教育の種類を選択する優先的権利を有する。

第27条

1. すべて人は、自由に社会の文化生活に参加し、芸術を鑑賞し、及び科学の進歩とその恩恵とにあずかる権利を有する。

2. すべて人は、その創作した科学的、文学的又は美術的作品から生ずる精神的及び物質的利益を保護される権利を有する。

第28条

すべて人は、この宣言に掲げる権利及び自由が完全に実現される社会的及び国際的秩序に対する権利を有する。

第29条

1. すべて人は、その人格の自由かつ完全な発展がその中にあってのみ可能である社会に対して義務を負う。

2. すべて人は、自己の権利及び自由を行使するに当っては、他人の権利及び自由の正当な承認及び尊重を保障すること並びに民主的社会における道徳、公の秩序及び一般の福祉の正当な要求を満たすことをもっぱら目的として法律によって定められた制限にのみ服する。

3. これらの権利及び自由は、いかなる場合にも、国際連合の目的及び原則に反して行使してはならない。

第 30 条

　この宣言のいかなる規定も、いずれかの国、集団又は個人に対して、この宣言に掲げる権利及び自由の破壊を目的とする活動に従事し、又はそのような目的を有する行為を行う権利を認めるものと解釈してはならない。

第6章

社会人大学院生としての
医療・福祉の現場での調査・研究
——文化人類学によるフィールドワークの実践から

I. はじめに

　本章では、社会人大学院生として医療・福祉の現場（病院・診療所、助産院、薬局、児童養護施設、高齢者施設、在宅看護・介護支援施設、障がい者支援施設、保育所、NPO法人など）で働きながら、その現場で起きていることを学問的問いとしてどのように練り上げ、その問いに対する答えをどのようにして見つけるのかを、特に文化人類学におけるフィールドワークの研究手法を用いながら考えるきっかけを提供することを目的とする。具体的には、日中働きながら夜間や休日に研究を行おうと考えている「社会人大学院生にとってのフィールドワーク」ということを念頭に話を進める。

　以下では、次の点について考える。第1に、医療・福祉の現場で働く社会人が感じる現場の問題をどのように言語化していくか——どのように「問い」を見つけるか——ということである[1]。第2に、その「問い」に対する「答え」を見つけるために、何を調査研究の対象とし、どのように資料を収集すればよいかということを考える。本章では特に、フィールドワークという調査手法を用いてどのようにデータを集めるかを考える。そして最後に、そのデータをどう分析し、どのように論文としてまとめるかを考える。フィールドワークによって得たデータをノートにまとめたものをフィールドノートという（他にもフィールド日記や写真・映像などさまざまな媒体が研究分析のための材料となりうる）。このフ

117

ィールドノートをどう分析するのか、そしてその分析結果をどのように
論文としてまとめるのかを考えていく。

　フィールドワークに関する研究方法論の文献は、近年さまざまなタイプのものが出版されている（佐藤 2002, 2008; 宮本ほか 2008; 岸ほか 2016; 藤田ほか 2013; 道信 2020）。それらの文献についても本章で触れるが、ここで強調したいのは「これまで医療・福祉の分野ですでに働いてきた社会人大学院生を対象としている」ということである。社会人大学院生の強みは、すでに医療・福祉の現場でさまざまな経験を積んできているということだといえる。その現場で積み上げてきた経験を、どのように学問的問いとして練り上げ、その問いに対する答えをどのように見つけるのかについて考えたい。

II．「問い」を見つける

1．職場の理解と協力──ラポールの形成

　皆さんは大学院で研究をすることを、職場の同僚の方たちにどのように話しているだろうか。皆さんの働いている職場を調査研究の対象にしたいということについて、職場での理解はどれほど得られているだろうか。まず職場の同僚によるこの点の理解がなければ、調査研究を行うことには困難が伴うかもしれない。

　重要なことは、まず読者の皆さんがどういうことを研究したいと思っているのか、またその研究結果を職場にどのように還元しようと思っているのかを、事前に職場の人々に説明することである。もちろん、大学院を受験しようとする段階では、研究の問いも答えも十分には明らかになっていないのは当然である。しかし、そもそもなぜ大学院で研究をしたいのか、そこで行おうとしている研究が職場にとってどのような意味があるのか、少なくともその点についてはきちんと説明しておく必要がある。この章の読者の多くが、自分がこれまで働いてきた職場や職種について研究することを想定していると思う。したがって、職場の同僚に黙って職場のことを研究対象とすることには、倫理的にも問題を生じ

る。そのため大学院での研究を始める前に、職場の同僚の方たちには自分の研究テーマやその研究の意義を事前に伝えておく必要があるだろう。

　フィールドワークでの信頼関係や親密な結びつきをラポールという。一般的に文化人類学者が見ず知らずの場所でフィールドワークを始める際、そのフィールドの情報通であるキーパーソンと知り合いになり、その人を媒介としてさまざまな情報を得る。しかし、医療・福祉の現場である職場をフィールドとしようとする場合、そのラポールを構築すべき人は、まずはあなたの上司をはじめとする同僚となるのではないだろうか。したがって職場をフィールドとする際には、職場の同僚からの理解がまず必要となる。このように職場で調査研究のためのラポールを形成することによってはじめて、さまざまなデータを得るための協力が得られるようになる。

２．ラポールの形成とデータの信頼性

　このようなラポールを形成せずにただデータだけが欲しいという調査者が時々いるが、これは調査者のご都合主義として批判されるだろう（宮本・安渓 2008）。例えば筆者は、性的マイノリティで出産・子育てを行なっている人々についての調査研究を 2018 年から行なっている。調査を行うにあたっては、NPO の人たちに自分がなぜこのような調査研究を行いたいのか、この調査結果が NPO の人たちや出産・子育てを行なっている人たちにどのような意味があるのかを説明し、ラポールを形成した。

　ラポールの形成については、もちろん最初から全てがうまくいくわけではない。ボタンの掛け違いにより誤解を生じたり、人間関係で悩むこともももちろんある。しかしフィールドワークとは、そのような経験を当然含むものであり、長年の当事者たちとの関わりを通して、まさに自分の身体をはって行うものである。そのような経験を通して得られる「知」こそが、フィールドワークの醍醐味でもある。筆者はこの NPO のミーティングに毎月１回参加し、議事録をとる係を担っていた。また

活動のための助成金の申請書を作成したり、さまざまなイベントの企画にも携わった。もちろんその NPO の全ての活動に参加することは難しかったが、NPO の活動への何らかの貢献を通してメンバーとの信頼関係を作り上げてきた。そうすることではじめて、さまざまな当事者と出会って話ができるようになり、インタビューなどが可能となる。

　ところが筆者がそのような調査をしているということを知っている研究者が、出産・子育てをしている性的マイノリティ当事者の人にインタビューをしたいので誰か紹介してほしいと連絡してくることがある。つまり、実際に出産・子育てをしている性的マイノリティの人とのラポールを形成することなく、自分の欲しいデータだけを得たいというご都合主義に陥っているといえる。当事者と十分なラポールを形成することなく自分が欲しい「上澄み液」だけを掬い取ろうとする研究者は、現在筆者が行なっている生殖医療の領域だけではなく、以前行っていた HIV 研究のときにもいた。例えば、HIV 陽性者の方への聞き取りをしたいので誰か紹介してほしいというものだった[2]。

　フィールドワークとは、ラポールの形成を含めた全てが調査であり、むしろ身体をはらなければ得られないデータというものがたくさんある。例えば、十分なラポールを形成せずに初対面でインタビューを行う場合、インタビュー協力者はどこまで調査者に本当のことを話してくれるだろうか。お互いに十分な信頼関係が築けていればインタビューの内容に関して協力者はいろいろなことを深く話してくれるかもしれないが、そのような関係が築けていなければ、相手の地位や立場を忖度して本当のことを話してくれないかもしれない（佐藤 2002: 57）。協力者がうそをつくこともあるかもしれない。したがってラポールの形成は、フィールドワークにとって最も重要な作業のひとつだといえる。

　自分の職場ではない場所でフィールドワークをする際には上記のようなラポールの形成が必要かもしれないが、自分の職場でのフィールドワークを行う社会人大学院生の場合にはすでに同僚たちとのラポールは形成されていると考えられるため、そこは大きなアドバンテージとなる。ただし、これまでの皆さんの職場でのフィールドワークは、完全な職場

への「参加」だったといえる。しかし、その職場での課題を学問的「問い」へと練り上げるためには、単に場に参加するだけではなく「観察」する視点が必要となってくる。このようなフィールドワークの調査方法を、「参与観察」という。

3. 参与観察とは何か

　医療・福祉の現場で長年働いているということは、文化人類学でいうところのフィールドワークをすでに長期にわたって実施しているということと同じである。フィールドワークとは英語では fieldwork と書くが、日本語では野外調査、野外採集、現場訪問、実地調査などと訳される。フィールドワークは、文化人類学のみならず、いろいろな研究分野で採用されている研究手法のひとつである[3]。

　フィードワークで重要なのは、自らの身体を用いながら「文化」を学ぶということである。この点については、先ほどラポールの形成の際に少し言及した。ここでいう文化とは、その現場のルールや規範、考え方、信念、現場特有の言葉遣いなどを指す。医療・福祉の現場で長年働いている人は、すでにその現場の文化を体得している。つまり、医療・福祉分野における独特の言葉遣い、器具の取り扱い方、身体の使い方、人間関係、暗黙のルールなど、さまざまな実践や価値観を学んでいるはずである。したがって文化人類学の視点から見れば、医療・福祉現場で長年働いている人々は、すでにフィールドワークを行なっているといえる。

　ただしこれまで現場で働いてきたなかで、意識して現場の文化を観察してきたわけではないだろう。ここで出てくるのが、先ほど述べた「参与観察」である。参与観察とは、「参加」しながら現場を「観察」するというフィールドワークの調査手法のひとつである。医療・福祉現場で働いていた人がそこの文化を自然に身につけていたとしても、その文化はまるで空気を吸うように身につけたものであり、意識してそこの文化を見ていたわけではない。つまり参加はしていたけれど、観察はしていなかったということである。文化人類学は、異文化を学ぶことを通して

自文化を相対化し反省的に見る学問である。自文化の中で当たり前だと思われていることが、別の文化では全く当たり前ではないことがある。異文化との接触によって自文化を反省的に見つつ、「現在のこのような文化のあり方には実は別の存在の可能性があったのではないか」ということに気づくことが文化人類学では重要である。現在の自文化を変革させる可能性は、このような「気づき」にあるといえる。つまり、異文化との接触を通して自文化を相対化させる視点のなかに、自組織の問題に気づき、組織のイノベーションを見つけ出すきっかけが隠れていることがある。

　日々のルーティン化された業務にどっぷりと浸かっているとその業務そのものが当然視され、その業務内容に全く疑問を持てないかもしれない。現場を批判的に見るには、それなりの訓練が必要だといえる[4]。

　現場で働いている際には見えてこなかった「問い」が、職場を離れて大学院で研究をはじめてから見えてくることがある。なぜ大学院に入ってからそのような「問い」が見えてくるのかというと、大学院では、これまで考えたことがなかったような学問分野や視点を学ぶからである。医療・福祉現場で働いている多くの人々は、それぞれの専門職の資格に関わる専門知識をすでに学んでいる。そしてそれらの知識は、どちらかというと「理系」に位置づけられるものの知に近いのではないだろうか[5]。これらの医療や福祉の専門知識は、すでに豊富に持っているだろう。しかし大学院では、必ずしもそれらの理系的な医療・福祉の専門知識だけではなく、倫理学、経営学、社会学、文化人類学など、おそらくこれまで学んでこなかった人文・社会学的知識も学ぶ。これらの学問分野の知は、現場がどのような力関係によって動いているのかを俯瞰的に見る見方を提供する。

　繰り返しになるが、自文化を理解することは実はとても難しいことである[6]。文化人類学では基本的には異文化を研究することで自文化を反省的に見る視点を獲得する。したがって自文化を研究する場合には困難な立場に立たされることになる。ただし、全く方法がないわけではない。ここまでで述べたように、医療・福祉の専門知とは異なる知を学ん

だり、同じ業種の他組織での活動を参与観察するなど、さまざまな工夫によって自組織の文化を相対的に見ることが可能となる。つまり自組織の文化以外の異文化に触れることが、自組織の研究にとって重要だといえる。

4．研究の「問い」を立てる

　医療・福祉の現場を職場としながら大学院で研究をしたい場合、そこにはさまざまな動機があると思われる。大学院で研究を行うということは、本をたくさん読んでまとめればよいという単純なものではない。学術論文を執筆するということは、自分で「問い」を見つけてその「答え」を導き出すということである。論文を書くためには自らの抱える問いに執着する必要があり、その執着は研究を行う上で最も重要な要素のひとつといえる。

　ではその問いはどのようにして見つけられるのだろうか。最もよいのは、現場で働くなかで自然とわき上がってくる問いである。長年医療・福祉現場で働いていると、患者やクライアントとの日々の関わりから生じる疑問や、なぜ組織がこのような形で動いているのかという問いが生まれてくるかもしれない。そのような問いをもって大学院で研究したいと考えることが、最もオーソドックスな研究動機だといえる。

　長年医療・福祉の現場で働くことで生じた問いが、具体的にどのように生まれるのかの例を見てみよう。例えば筆者は、ゲイ男性に向けたHIV感染予防のためのプログラムを実施しているあるNPOで参与観察をしていた。ゲイ男性の間でのHIV感染が公衆衛生的にも深刻な問題であったために、そのNPOは行政との協働で、ゲイ男性に向けたHIV抗体検査とセーファー・セックス（コンドームを積極的に使用することによってHIV感染を低減させようとする性行為）を促進しようとした。このNPOは行政からの資金提供により、ゲイバーの集まる地域にコンドームを積極的に配布し、ゲイ男性のみを対象としたHIV抗体検査会を企画した。また、HIV感染予防のための情報をインターネット上でも発信し続けた。しかし疫学的に見てみても、ゲイ男性の間でのHIV陽性

者数はなかなか減少しなかった。ここで次のような疑問が生じた。「これだけ予防活動を頑張っているのに、なぜ HIV 陽性者数が減らないのだろうか」と。

　ここで述べた例は、現場への長年の関与を通して生じてきた非常にオーソドックスな問いの立て方のひとつである。ただし現場で働いたり活動したりする際に、このようにはっきりと問いが認識されることは稀である。問いとは、日々の活動の試行錯誤の中でやっと結晶化されてくるものだからである。適切な問いを結晶化させるには技術が必要なため、それは大学院に入ってさまざまなことを学びながら先鋭化させていけばよいことだが、ただし入学前までに漠然とした疑問や違和感などを持つことは少なくとも必要である。現場に対する疑問や違和感がなければ、大学院に入ってから苦労することになる。

Ⅲ．データの収集

1．「問い」を立てる、データを集める

　医療・福祉の現場で長年働いている社会人大学院生がよく問う問いというものがある。例えば、「なぜ自組織では職員の離職率が高いのか」というものである。問いは「なぜ」という形で立てられることが多い。このなぜの問いに対する答えを、ではどのように導けばよいのだろうか。問いに対する答えを導くためには、さまざまなデータが必要となる。そのデータを集める方法を検討してみよう。

　まず、職員の離職率が高いということには何か原因があるはずである。給与が安いからか。人間関係がよくないからか。仕事がきついからか。とにかく、なぜ離職率が高いのかを知るためには、あらゆるデータをフィールドからかき集める必要がある。

　最初に必要なのは、この職場でどのような人たちが働いているのかという情報である。何人くらいの職員が働いているのか。年齢や性別の構成はどうなっているのか。勤務年数は何年か。最も基本的な情報として、このあたりのことを知りたくなる。ではこれらの情報を、どのよう

124

にして集めればよいだろうか。人事担当の部署に聞けばよいのか。ラポールの形成がうまくできていれば、このような情報を担当者が提供してくれるかもしれない。また離職の原因は、もしかしたら給与にあるかもしれない。仕事量のわりに給与は安くないか。このようなことを明らかにするためには、それぞれの職員の仕事時間や給与についても知る必要がある。給与と関連して、職場の財務状況についても知りたいところである。このようにして、職場のさまざまなデータを収集し、自分で整理することが必要となる。

　離職率が人間関係に関連しているかもしれない場合、職場の人間関係についても知る必要があるだろう。どのような人たちが、誰と、どのような仕事をしているのだろうか。この点を明らかにするには、どのような調査が必要となるだろうか。可能であれば、それぞれの職員に話を聞くことで情報が得られるかもしれない。その際にも、上司の協力を得られていればスムーズな情報収集が可能となる。実際に離職した人にインタビューをすることは可能だろうか。もし直接話を聞く機会があれば、有力な情報となるはずである。

　このようなさまざまなデータを集めながらその時々で整理し、内容を分析していくこととなる。その際に、何度も最初に立てた問いに立ち戻り、その問いの答えをデータの中から見つけ出していく必要がある。問い→データ収集→データ分析→答え→問いの再検討→データ収集→……というサイクルを繰り返しながら、より明確な問いと答えを導いていくこととなる。例えば、「なぜ自組織では職員の離職率が高いのか」という問いが、「なぜ自組織では『介護』職員の離職率が高いのか」というように、全ての職員ではなく特定の仕事を行う職員に限定して調査を進めた方がよいということがわかる可能性がある。この問いと答えのサイクルを繰り返すことで、問いはよりはっきりしたものに洗練され、同時に答えも洗練されていく。

　ただし、データを集めている段階で、また新たな問いが見つかることは当然出てくる。例えば、離職率に関するインフォーマルな聞き取りを行なっている最中に、「なぜ上司から言われたことしか仕事をしない人

が多いのか」という新たな問いが出てくるかもしれない。その場合には、「なぜ自組織では職員の離職率が高いのか」という問いと、「なぜ上司から言われたことしか仕事をしない人が多いのか」という問いの、両方の答えを導くためのデータをさらに集めていく必要がある。むしろ、「この2つの問いの間にはどのような関係にあるのだろうか」という問いに重要なヒントが隠れているかもしれない。同じ職場でフィールドワークをしながらさまざまな問いが出てくるのだから、それらの問いは当然何らかの関連性があると考える方が自然である。このように、問いがいくつか出てきたのであれば、それらの問いがそれぞれどう関係しているのか、またその問いに対する答えもどう関係しているのかを考えていく必要がある。

2．先行研究を読む

　データを集めながら問いを立てていく作業と並行しながら行う必要があるのが、先行研究の整理である。先行研究とは、皆さんが研究したいと考えるテーマについて書かれた論文のことを指す。先ほど一例として、「なぜ自組織では職員の離職率が高いのか」という問いを立てた。先行研究の整理とは、この問いに関連する論文がこれまで書かれていないかを探し読むことである。

　先行研究を探す際に便利な検索エンジンがいくつか存在する。日本語で書かれた論文を検索する際に役に立つのが、国立情報学研究所が作成している CiNii というサイト（https://ci.nii.ac.jp）である。このサイトでは、論文、図書、博士論文が検索できるようになっている。例えば、福祉組織での離職率についての論文を検索してみよう。サイト上の「フリーワード」のところに「福祉」「離職率」と入力して検索ボタンを押すと、70件弱の論文が出てくる。これらの論文の中から、特に自分の研究と関係のありそうな論文をピックアップし、それを1つずつ読んでいく。論文の中にはインターネット上からそのままダウンロードして読めるものもあれば、学生の所属する大学図書館にない場合もある。大学図書館に所蔵がない場合には、大学図書館に依頼し他大学からその必要な

論文を取り寄せてもらうことができる。学外依頼の方法などについては、自分の所属する大学図書館に直接問い合わせてみるとよい。図書や博士論文に関しても、同様の方法で検索することができる。

　また、英語で書かれた論文を検索する際には、Google Scholar（https://scholar.google.co.jp）が役に立つ。このサイトの検索方法も、基本的には CiNii と同じである。検索結果から検索した論文を直接ダウンロードできるものもあれば、できないものもある。ダウンロードできない論文に関しては、大学図書館からその論文を取り寄せることができる。

　では、集めた論文はどのように整理すればよいのだろうか。全ての論文をコピーしてファイルにまとめるというのもひとつの方法ではある。筆者は、CiNii や Google Scholar などで集めた論文は、全て EndNote という文献管理ソフトで一括して整理している[7]。このソフトを利用すると、論文データを一括管理でき、また自分で論文を書く際にもこのソフトから直接引用することができて非常に便利である。

　先行研究の整理は、問いを洗練させていく上で非常に重要である。基本的に学術論文は、ある問いを立てその問いに対する答えを導く形で書かれている。したがって、先人がすでにあなたと同じ問いを立てて答えを出しているかもしれない。その場合、先人が行なった同じ研究をあなたが繰り返し行うことに意味はなくなる。科学論文というものは、常に新しい発見（独創性、オリジナリティ）が要求される[8]。そのため、もしあなたの立てた問いについての答えを誰かがすでに導いているのであれば、少し視点を変えた問いを立て直す必要がある。以前誰かが立てた問いと少しでも異なる問いであるならば、それは答えを導く価値のある問いということになる。

　また先行研究の整理で重要なのは、自分の研究がそれぞれの先行研究の関係の中でどこに位置づけられるのか、つまり自分の研究を他の先行研究の中に「地図化する」ということである。研究において、これが最も難しい作業のひとつだといえる。ある先行研究における研究者の研究とどこが近くてどこが遠いのか、自分の研究はどの研究と問題意識が近

いのか、このような点を整理していく。先ほど、科学論文においては独創性が必要だと述べた。先行研究の整理は、これまでどのような研究が行われ、どのような研究がまだ行われていないかを知る上で重要な作業となる。この作業を怠ると、そもそも科学的研究はできないということになる。なぜなら、何が新しい研究なのかがわからないからである。先行研究を整理する作業が、科学的研究の営みにおいて最も重要であるということを理解しておく必要がある。

3．インフォーマル・インタビューとフォーマル・インタビュー

　データを収集する際に、ある人に話を聞く場合がある。一般的にはインタビューというが、喫茶店などでインタビュー対象者と対面で話し、その内容を録音し、質問項目について1つずつ答えていく形式のものをインタビューと想定されることも多いのではないだろうか。しかし、インタビューとは必ずしもそのような形式のものに限らない。ここでは、2つのタイプのインタビューについて考えてみたい。ひとつはインフォーマル・インタビュー、もうひとつはフォーマル・インタビューという。

　まずは、インフォーマル・インタビューについて見ていく。インフォーマルとは英語でinformalと書くが、「非公式な」という意味がある。つまり、公式ではないインタビューのことである。インフォーマル・インタビューとは、フィールドでの世間話や雑談、ちょっとした相手への質問などが含まれる。フィールドではさまざまな人々と出会い、話をするはずである。そこでの話の中には調査研究にとって重要な情報が含まれていることもある。これらの日常的な会話のやり取りをインフォーマル・インタビューという。このインタビューの形式は、フィールドワークを始める最初の時期に行われるものである。もし皆さんのフィールドがこれまでの皆さんの職場や仕事とは全く接点のなかったところであれば、見ること聞くこと全てが初めてのものばかりだろう。わからないことがあれば周りでその情報について知っている人にあらゆる質問をし「教えを請う」ことになる。このような形式のインタビューが、インフ

ォーマル・インタビューとなる。

　一方、フォーマル・インタビューとは、質問する項目を精査し、その
質問項目（専門的用語としては、質問項目をリスト化したものを「インタ
ビューガイド」という）についてインタビューに協力してくれる方にイン
タビューをする。例えば、喫茶店や職場の個室などの決められた場所で
行われ、インタビューの内容を録音することも多いだろう。質問項目は
きちんと決められている場合もあるが（このような形式のインタビュー
を、「構造化されたインタビュー」という）、質問項目に対する答えが膨ら
んで話が脱線していくこともある。そこから別の重要な話題が出てくる
かもしれない（このような形式のインタビューを、「半構造化されたインタ
ビュー」という）。いずれにしても、インフォーマル・インタビューとは
異なり、ある特定の時間と場所で、質問項目にしたがって行うインタビ
ューのことをフォーマル・インタビューという。このインタビュー形式
は、フィールドワークの終盤に行われることが多い。フィールドワーク
開始の初期段階はインフォーマル・インタビューを重ね、問いを明確に
し、その答えを探していく。この繰り返しの過程の中で問いと答えが明
確になってくるが、どうしてもさらに聞きたいことが出てきたり、ある
いは特定のフィールドの中で固まってきた問いと答えを、今度は別のフ
ィールドで検証したい時などに、フォーマル・インタビューの形式をと
る。いずれにしても、フォーマル・インタビューではそれまでのフィー
ルドワークを通して明らかとなった問いに基づき質問項目が設定される
ため、これまでの調査の結果を別の人に確認したり、もしくはフォーマ
ル・インタビューを通してこれまでのフィールドワークでわからなかっ
た点をさらに明らかにするために行われる。

4．インタビューと録音

　インフォーマル・インタビューとフォーマル・インタビューを行う際
に、相手との話を録音するかどうかが問題になる。もちろん、相手の同
意を得られるのであれば録音することはできるが、録音は一般的にはフ
ォーマル・インタビューの際に行われる。

インフォーマル・インタビューは、先ほど述べたように日常的な会話のやり取りの延長にある。相手からの了解を得てその内容をいちいち録音しそれを文字起こしするには膨大な時間がかかり大変な作業となる。インフォーマル・インタビューの際には、基本的には重要な情報のみをメモとして記録することに集中した方がよい。また、相手と対話をしているときに目の前でメモを取ると警戒される可能性がある。もちろん、ラポールの形成がうまくいき相手が研究者としてのあなたの立場をよく理解しているのであれば、目の前でメモを取ることも許されるかもしれない。しかし多くの場合には、メモはフィールドを離れてから取る。筆者の場合、現場でメモを取ることもあるが（その場合でも、iPhoneのメモ機能を使用することが多い）、最近ではiPhoneの録音機能を使用してフィールドを離れてからすぐに重要な内容を自分の声で記録することが多くなった。以前はメモ帳を使用することもあったが、最近ではほとんどなくなった。現在、音声を自動文字起こししてくれるソフトなども登場してきている。AI技術の進歩により、今後さらに文字起こしは誰もが自宅で容易にできるようになる可能性がある。声でメモを取るという方法に今から慣れておくと、将来的にも役に立つのではないだろうか。ただし、メモ帳に手書きで記録する方が便利だという人もいるだろう。その場合はメモ帳を利用してももちろんよい。

　フォーマル・インタビューの場合には、相手の了解を得た上で録音をさせてもらう必要がある。もしインタビューを2人以上で行えるのであれば、ひとりがメモを取り、もうひとりはインタビューに集中することもできる。ただし1人でインタビューを行わなければならない場合には、記録は録音に任せ、簡単なメモを取りながらインタビューに集中する方がよいだろう。その場合でも、録音機は2つ以上使用した方が安全である。

5．フィールドワークの倫理

　次に、録音する際の倫理について考えてみたい。インフォーマル・インタビューの場合には一般的に録音しないと述べたが、なかには会話の

内容を忘れないために相手に無断で録音しようと考える人がいるかもしれない。しかし、もし相手の了解なく録音していたということが後で相手にわかってしまった場合、どのようなことが起こるだろうか。この行為があなたの信頼を失うことにもなりかねない。場合によっては相手がよいというかもしれないが、その場合でも事前に録音の了解を取っておくべきである。

　録音だけではなく、調査には倫理的慎重さが要求されるものが多くある。特に、医療・福祉の現場は、調査協力者のプライバシーや人権に配慮しなければならない状況が多くある。精神的・身体的障がいのある人、病院や看護・福祉施設などで介護を必要とする人など、社会的配慮の必要な人々に調査協力を依頼する場合には、特に倫理的配慮が必要となる。例えばあなたが介護施設で働いており、そこに居住している高齢者の方にインタビューをする場合、この調査協力を相手が拒否しても相手に不利益がないよう配慮しなければならない。このように、調査協力者への倫理的配慮が必要だと判断される場合には、大学の倫理委員会で研究計画を審査してもらう必要がある。このような倫理的問題をクリアした上で、調査を行わなければならない。倫理委員会で研究計画が認められた後、調査協力者に対してこの研究の意義やこの研究が協力者にどのように還元されるのかの説明も必要である。このようなインフォームド・コンセントを経て調査を行わなければならない。

6．フィールドノートを書く

　ここまで、フィールドワークでどのようにしてデータを集めるのかを検討してきた。ではここからは、その集めたデータをどのように記録するのかということについて考えてみたい。

　フィールドワークの際には、多くのメモを作成する。そのメモは、先ほど述べたように iPhone などのメモ機能を使用して自分の声を録音したり、メモ帳などに手書きで書くなどさまざまな方法がある。メモを取ったら、今度はそれらのメモを1つのストーリーとして清書していく必要がある。このように、現場でのフィールドワークのメモを1つのスト

ーリーとしてまとめたものをフィールドノートと呼ぶ。1日のフィール
ドワークが終わったら、その1日分の出来事を1回分としてフィールド
ノートにまとめる。

　先ほど述べたとおり、筆者はフィールドワークを行う際には、iPhone
のメモ機能などを使い、フィールドワーク中に現場をちょっと離れたり
する合間に、その記憶を文字に書いたり声で録音したりしている。相手
の了解が得られれば、現場の写真を撮ったりすることもある。筆者の場
合、フィールドノートはWordに記録する。フィールドノートを作成す
る際には、フィールドで見たことを1つのストーリーとなるように記録
していくことが重要となる。フィールドワークが終わって自宅に帰って
から、できるだけすぐにフィールドノートを書くようにする。フィール
ドワークを行なった日に書き上げるのが最もよい。なぜならば、そのほ
うがその日の記憶を鮮明に記録できるからである。筆者は、フィールド
ワークが終わってホテルなどに泊まる際にも、ホテルに着いてからすぐ
にフィールドノートを記録するようにしている。

　フィールドノートに記録すべき最低限の情報は、フィールドワークを
行なった日時や場所である。そしてフィールドノートを記録する際に
は、そこにどのような人たちがいたか、誰がどのような話をしたかを記
録する。例えば、その場にいた人たちの人間関係などもわかる範囲で図
示しておくとよいし、それぞれの登場人物の情報を表としてまとめてお
くのもよい。それらの記録は、自分が後でそのフィールドノートを見た
ときに、そのときの状況を鮮明に思い出せるようにまとめなければなら
ない。もし後ほど誰かに話を追加で聞きたい時のことなどもふまえて、
フィールドで出会った人の連絡先なども交換しておくと後々役に立つ。
そのような連絡先などの情報もフィールドノートに記録しておくとよ
い。

　フィールドワークで見た状況を絵にすることもあるだろう。絵にする
場合も、紙に手書きで書いたり、iPadなどにペンシルを使って書くな
ど、さまざまな方法が考えられる。また、現場で集めた印刷資料、リー
フレット、チラシなど、収集できるものはできるだけ収集し、それもフ

ィールドノートと一緒に保管しておくことが重要である。このようにして、フィールドワークで収集したさまざまな資料を保管する。

　フィールドノートを記録する際に、もうひとつの重要な点がある。フィールドノートには、基本的には自分がフィールドで観察した事実を淡々と書いていく。フィールドノートの基本はここにある。しかしその一方で、フィールドノートを書き終わった後に、フィールドワークで感じた感想、新たな問い、研究のアイディアなどが出てくるかもしれない。それらの情報もフィールドノートに記録しておくことが重要である。ただし、フィールドで見た客観的事実とフィールドワークを通して自分が感じた主観的感想は、フィールドノートの中では文字を色分けするなどして書いたほうが後々わかりやすいだろう。もしくは感想や研究のアイディアなどについては、フィールドノートではなくフィールド日記のような形で別の媒体に記録するということも考えられる。これらの感想や研究のアイディアは、データを分析する際に役に立つ。したがって、これらの主観的な考えをメモすることもフィールドワークにとっては重要である。このようなメモが、問いを立てたり答えを見つけたりする際に重要な手がかりとなることがある。

Ⅳ．データを分析し、民族誌を書く

1．データを整理する

　ここからは、フィールドノートをどのように整理し、そのデータをどのように分析するかについて考えたい。

　清書をしたフィールドノートは、Word を使用した場合にはパソコン上に保存されていると思う。ここでは、パソコンに保存されたデータの整理について考える。Word で書かれたフィールドノートは、一旦パソコン上にフォルダなどを作成し、そこに整理し保存されているかもしれない。もちろんそのような整理でも構わないが、フィールドノートがたくさん蓄積されてくると、どこにどのようなデータがあるのかを見つけ出し、それを引っ張り出してくるのが大変になる。そのような場合、

Excelなどでフィールドノートの目次を作っておくと便利である。フィールドワークの日時、場所、登場人物、キーワードなどを入れておくと、どこにどのようなデータがあるのかを容易に見つけ出すことができる。しかし、このような形でデータを整理すると、フィールドノートに書かれているデータがバラバラに整理されているため、データを分析しようとする際に自分が必要とするデータを探し出すのが大変である。特にフィールドノートが増えれば増えるほど、データを見つけ出すことが困難になる。例えば、フィールドノートから「離職率」について書かれたデータを引っ張ってくることを考えてみよう。Excelで作成したフィールドノートの目次から「離職率」というキーワードが書かれたフィールドノートを全て探り出し、そのフィールドノートを一つひとつ探して読まなければならない。この作業は非常に時間と手間がかかる。

　しかし現在では、フィールドノートを整理するためのさまざまなソフトが開発されている。ここでは、MAXQDAという質的分析ソフトを用いたデータの整理について見てみたい[9]。このソフトは、フィールドノートを整理し分析する上で非常に優れている。まず、全てのフィールドノートをこのソフトに一括保存することで、どこにどのようなワードがあり、それらがそれぞれのフィールドノート間でどのような関係にあるのかを短時間で検索し、同時に一目で並べて見ることができる。このMAXQDAの原理は、以下のようなものである。例えば、一般的に多くの本の最後には索引が載っている。その索引には、あるキーワードが何ページに記載されているかが書かれている。MAXQDAでは、あるワードを入力して検索すると、それらのワードがどのフィールドノートのどこに記載しているのかを一度に並べて示してくれる。また、そのワードの前後の文脈もわかるため、他のフィールドノートで書かれている同じワードの前後の文脈と比較することもできる。

2．データを分析する

　データを分析する際に重要なのは、先ほどの「離職率」について書かれた文脈を、フィールドノート間で比較できるということである。フィ

ールドノートA、フィールドノートB、フィールドノートC、…と複数
書かれた「離職率」の文脈を、MAXQDAを利用すると一度に並べて
比較することができる。このように「離職率」について書かれたいくつ
かの文脈を比較することで、この「離職率」とは何かが明確になってく
る。ここで「離職率」の文脈の比較によって明らかにされた「離職率」
の意味を「コード」と呼ぶ。

　このように、他のいくつかの重要なキーワードについてもコード化し
ていく。この作業はコーディングと呼ばれる。コーディングのポイント
は、フィールドノートの全ての単語をコード化するのではなく、重要だ
と思われるキーワードをピックアップしてコーディングすることであ
る。例えば、「給与」「労働時間」「人間関係」など、いくつかのコード
をつけていく。「人間関係」がコードとして大きい場合には、「上司との
人間関係」「部下との人間関係」「クライアントとの人間関係」など、
「人間関係」の大カテゴリーの下に小カテゴリーを作っても構わない。
このようにして、コーディングをどんどん行なっていく。MAXQDA
などのソフトを使用すれば、このコーディング作業も容易に行うことが
できる。

　コーディングの次に行うのが、「カテゴリー化」という作業である。
コーディングの作業を通して、いくつものコードができていると思う
が、今度は自分の作ったコードとコードの間の関係を整理していく。例
えば、「離職率」というコードと「給与」というコードの間にはどのよ
うな関係があるのか、あるいは「離職率」と「労働時間」にどのような
関係があるのか、などをここでも比較していく。このようにいくつかの
コードの比較を行うことによって、コード間に何らかの重要な関係性が
あることに気づくことがある。今度はその関係性に、自分で新たな名前
をつけてグループ化していく。例えば「離職率」と「給与」の間に、長
年昇級も昇給もないということがわかったとする。その場合、「離職
率」と「給与」の2つのコードをまとめて「昇給がなく労働意欲の低
下」というタイトルをつける。このようにして、コードとコードの関係
に適切な名前をつけていく。こうして、コード間の関係を明らかにしつ

つカテゴリー化を行う。

　コード間の比較の次に行うのが、カテゴリー間の比較となる。現在、たくさんのコードの上に複数のカテゴリーができているはずである。今度は、そのカテゴリーとカテゴリーの関係を明らかにする。「昇給がなく労働意欲の低下」というカテゴリーと「長時間労働で有給が取れない」というカテゴリーがあったとすると、次はこの2つのカテゴリー間の関係がどういうものなのかを考えていく。

3．民族誌（エスノグラフィー）を読み、書く

　このようにして、いくつかのコードをカテゴリー化し、そのカテゴリー間の関係を文脈化する。こうした作業を何回も繰り返していくことによって、データ全体のストーリーが見えてくる。その全体をストーリー化したものが民族誌（エスノグラフィー）となる。

　まずこれまで書かれてきた民族誌をたくさん読むことが、民族誌を自分で書く際の参考になる。医療・福祉の現場について書かれた民族誌は、日本語でも多く出版されている。日本の医療・福祉の現場について書かれた民族誌としては、看護（西村 2018; 前田・西村 2020; 村上 2013）、介護施設（六車 2012）、訪問介護（村上 2018）などの現場の民族誌などがある。また病気や障害別に見ると、摂食障害（磯野 2015；細馬 2016）、エイズ（新ヶ江 2013）、うつ病（北中 2014）、聴覚障害（澁谷 2009）、精神障害（中村・石原・河野 2014）、臓器移植（山崎 2015）、不妊治療（柘植 1999）などの民族誌がある。海外の医療・福祉現場における民族誌で日本語に翻訳されたものも多数ある[10]、民族誌は、現場での出来事を詳細に淡々と述べていくルポルタージュに近いものから、より理論的な記述の多いものまでいろいろなタイプのものがある。さまざまな民族誌を読んでみて、自分の執筆のスタイルがどれに近いのかを研究することも、民族誌を書くためには必要な作業である。

4．研究成果の還元

　この章の最初に述べた通り、調査の結果を協力者にどのように還元す

るかは重要な視点である。研究成果の還元は、調査協力者とのラポール
の形成にとっても重要だということは先に述べた通りである。では、ど
のような形で研究成果を還元すればよいのだろうか。調査に基づいて作
成された民族誌を調査協力者の方に直接渡すことも考えられるが、でき
れば調査協力者にわかるような言葉を用いて、研究成果を発表するよう
な機会をもつのがよいかもしれない。その場合には、その発表会に参加
したたくさんの人たちと、その調査結果についてさまざまな議論をする
ことができるだろう。

　特に社会人大学院生で自らの職場について研究した場合、その結果は
今後の職場の活動にとっても何らかの示唆を与えるものかもしれない。
この調査結果に基づき、今後は職場の同僚たちと一緒に共同研究を行な
ったり、事業を展開したりすることも可能となる。

Ⅴ．おわりに

　本章では、医療・福祉の現場をフィールドとする社会人大学院生にと
って、フィールドワークを行うとはどういうことかを考えてきた。自分
の職場を調査研究対象とする場合には、ラポールの形成が比較的容易で
あり、また研究成果の還元を通して職場の同僚との共同研究の可能性が
拓かれる点などが大きなメリットとなるといえる。一方で、社会人大学
院生は働きながら研究するという点で、調査自体に大きな負担がかかる
ことも考えられる。しかし、自分の研究した結果を職場の業務に何らか
の形で反映でき、それが職場にとっても何らかのメリットとなると考え
れば、これは社会人大学院生にとってはとてもやりがいのあることだと
いえる。職場を調査対象とすることで心得ておかなければならないの
は、良くも悪くも調査結果が直接職場に影響を与えてしまうということ
である。研究成果をふまえて職場を改革したいと思っても、必ずしも自
分の思い通りにはならないということは肝に銘じておく必要がある。そ
の際、常に研究結果を反省的に眺め直し、それを修正していくという心
構えも必要となる。その視点を持つことが、次の研究へとさらにつなが

っていくのである。

注

1) ここでいう「問い」とは、「リサーチクエスチョン」という言い方を用いることもある。例えば、佐藤（2002）の第3章を参照。
2) HIVに関するフィールドワークについては、新ヶ江（2016）を参照。
3) 例えば生物学者は、山や海などに行ってさまざまな生物を採取し、それらの生物の生態などについてフィールドワークを通して調査分析することもある。また地質学者は、ある地域の土や岩を掘り起こしながら化石を集めるフィールドワークを行うかもしれない。ときには古代の氷に閉じ込められた地球の何百万年前の空気をとらえるために、氷山にフィールドワークに向かうかもしれない。このようにフィールドワークという手法は、文系・理系を問わず、さまざまな研究分野で用いられている。
4) この点について、社会学者の上野千鶴子は「ノイズ」という点から説明している。上野（2018）p.14-16を参照。
5) 理系と文系の知識がなぜ分かれたのかについては、例えば、隠岐（2018）を参照。
6) 文化人類学では、異文化ではなく自文化を内側から研究しようとする立場がある。このような立場から書かれた民族誌を、ネイティブ・エスノグラフィーという。例えば、障害者自身が障害者の文化を研究したりする。代表的なネイティブ・エスノグラフィーの例としては、マーフィー（1992）を参照。ネイディブ人類学については、桑山（2008）、藤田・北村（2013）を参照。
7) EndNoteについては、https://www.usaco.co.jp/endnote/を参照。
8) 例えば、井山・金森（2000）p.104-111を参照。
9) MAXQDAの使用については、佐藤（2008b）を参照。
10) 例えば代表的なものとしては、クラインマン（1996）、マーフィー（1992）、チャンブリス（2002）などをあげておく。

参考文献

磯野真穂（2015）『なぜふつうに食べられないのか―拒食と過食の文化人類学』春秋社
井山弘幸・金森修（2000）『現代科学論―科学をとらえ直そう』新曜社
上野千鶴子（2018）『情報生産者になる』筑摩書房
隠岐さや香（2018）『文系と理系はなぜ分かれたのか』星海社
岸政彦・石岡丈昇・丸山里美（2016）『質的社会調査の方法―他者の合理性の理解社会学』有斐閣
北中淳子（2014）『うつの医療人類学』日本評論社
A. クラインマン（1996）『病いの語り―慢性の病いをめぐる臨床人類学』江口重幸、五木田紳、上野豪志訳、誠信書房
桑山敬己（2008）『ネイティブの人類学と民俗学―知の世界システムと日本』弘文堂
佐藤郁哉（2002）『フィールドワークの技法―問いを育てる、仮説をきたえる』新曜社
佐藤郁哉（2008a）『質的データ分析法：原理・方法・実践』新曜社
佐藤郁哉（2008b）『実践 質的データ分析入門―QDAソフトを活用する』新曜社
澁谷智子（2009）『コーダの世界―手話の文化と声の文化』医学書院
新ヶ江章友（2013）『日本の「ゲイ」とエイズ―コミュニティ・国家・アイデンティティ』青弓社
新ヶ江章友（2016）「『ゲイ・コミュニティ』でフィールドワークする」椎野若菜・的場澄人編『女も男もフィールドへ』古今書院、59-68頁
D. チャンブリス（2002）『ケアの向こう側―看護職が直面する道徳的・倫理的矛盾』浅野祐子訳、日本看護協会出版会
柘植あづみ（1999）『文化としての生殖技術―不妊治療にたずさわる医師の語り』松籟社
東畑開人（2019）『居るのはつらいよ―ケアとセラピーについての覚書』医学書院
中村かれん・石原孝二・河野哲也（2014）『クレイジー・イン・ジャパン―べてるの家のエスノグラフィ』医学書院
西村ユミ（2018）『語りかける身体―看護ケアの現象学』医学書院
藤田結子・北村文（2013）『現代エスノグラフィー―新しいフィールドワークの理論と実践』新曜社

細馬宏通（2016）『介護するからだ』医学書院
前田泰樹・西村ユミ（2020）『急性期病院のエス
　ノグラフィー―協働実践としての看護』新曜社
R. マーフィー（1992）『ボディ・サイレント―病い
　と障害の人類学』辻信一訳、新宿書房
道信良子（2020）『ヘルス・エスノグラフィ―医
　療人類学の質的研究アプローチ』医学書院
宮本常一・安溪遊地（2008）『調査されるという
　迷惑―フィールドに出る前に読んでおく本』み

ずのわ出版
六車由実（2012）『驚きの介護民俗学』医学書院
村上靖彦（2013）『摘便とお花見―看護の語りの
　現象学』医学書院
村上靖彦（2018）『在宅無限大―訪問看護師がみ
　た生と死』医学書院
山崎吾郎（2015）『臓器移植の人類学―身体の贈
　与と情動の経済』世界思想社

第7章

「司法と福祉との連携」は
福祉臨床に何をもたらすのか
——草の根活動が生みだすイノベーション

I. はじめに

　本章の執筆を担当する筆者は、「司法福祉学」という領域を専攻する駆け出しの研究者である。もしかしたら、この「司法福祉」ということばは、本書の読者の多くにとって聞きなれないものかもしれない。「いったいそれは司法なのか？　それとも福祉なのか？」と怪訝に思われることもあるだろう。例えば、青緑と緑青のどっちが青いのかということを考えると、緑青のほうが青いということはわかる。そうであるとすれば、司法福祉が、司法か福祉かといえば、それは福祉となるだろう。実際にも、司法福祉学は社会福祉学の一領域として位置づけられている。しかし、その歴史はまだ浅い。1968 年に山口幸男によって命名されたこの学問領域は、当初、家庭裁判所調査官が中心となり、「（少年）非行問題」が主たる関心として据えられていた（山口 1991）。当時から、福祉において中核的なテーマとはいえないものであった。その後、2000年に日本司法福祉学会が設立されたころには、家庭内暴力、児童虐待、触法精神法障害者、権利擁護など徐々にその関心領域を広げていくこととなる（藤原 2006）。

　社会福祉領域の人びとには何とも馴染みにくいものであったこの司法福祉という領域に、大きな転機がおとずれたのは 2003 年のことだった。秘書給与詐欺事件によって収監された山本譲司が福祉施設化する刑務所の実情を描いた『獄窓記』（ポプラ社）の出版である。本来、治安

の最後の砦であるはずの刑務所が、行き場のない人びとのセーフティネットとして機能していた現実はそれまでの福祉のあり方を大きく問うものとして反響を呼んだ。そして、この問いに真っ先に応えようとしたのが社会福祉法人南高愛隣会の創始者である田島良昭だった。田島は、大学在学中から政治家を志したが叶わず福祉の道に転身し、長崎県の諫早市や雲仙市を中心に点在する巨大な社会福祉法人を設立し、知的障害のある人びとの「ふつうの場所でふつうの暮らし」を支えるべく奮闘してきた人物である。田島は、山本の問いに衝撃を受け、これまでの福祉のあり方を問いなおすべく、刑事司法と福祉との連携の開拓者として、国の制度をもつくり出していく壮大な挑戦をおこなっていくこととなった（田島 2018）。司法福祉の展開過程とは、いささか外れたところから、社会福祉領域に刑事司法との連携の必要性を突き付けられることになったのだ[1]。

　本章では、まず、司法と福祉とがなぜ連携していかなければならないのかという背景について説明したうえで、出所者とわたしたちとが社会のなかでともに生きていくためには何が必要なのかということを確認し、司法と福祉とが真に連携していくために、福祉臨床の現場でおこなわれてきた取り組みについて紹介する。そうして、「司法と福祉との連携」は福祉臨床に何をもたらすのか、ということについて考えていきたい。

Ⅱ．なぜ、「悪い」奴を支援するのか

1．いわゆる「犯罪者」のイメージ

　本書の読者の多くは、「犯罪」ということばを聞いて思い浮かべるのはどのようなものだろうか。殺人罪、強盗罪、強制性交等罪、…[2]。真っ先に極悪非道で暴力的な凶悪犯罪をイメージされることが多いのではないだろうか。

　筆者は、いくつかの大学の社会福祉士養成課程において、司法福祉に関連する科目を担当している。受講生は、福祉については一定学んでき

ているが、犯罪については学んだことがないという学生がほとんどである。筆者は、初回の授業で「このなかでわたしは犯罪に興味があって、常日頃から犯罪のことについて考えていますという人はいますか？」という、いささか意地悪な問いを投げかけることからはじめるようにしている。このように尋ねると、教室はたいていざわめく。「『警察24時』が好きなんです」とか「『名探偵コナン』が好きなんです」とか「サイコパスに興味があります」とかと話してくれる学生がいたりもする。この段階ではまだ多くの学生にとって犯罪はテレビのなかの出来事であり、どこかリアリティのない別世界に起きていることのように感じられているのかもしれない。

　そこで、同じように初回の授業では、「〈悪い〉ことをして、刑務所入れられるのはどのような人でしょうか？」ということを具体的に考えてもらうようにしている。そうすると、年齢は20代から40代くらい、性別は男性、罪名は殺人や強制性交等罪、放火罪や薬物犯罪、性格は短気で自分勝手などという答えが典型的なものとして返ってくる。絶えず自分の身の回りで凶悪犯罪が起こっていると考えていることも少なくないようである。このように、一般に、罪を犯した者の印象というのは、非常に〈どぎつい〉犯罪者像が形成されていることがおぼろげながら浮かびあがってくる。この段階では、おそらく受講生の多くは「どうして犯罪者にソーシャルワークが必要なのか？」「自分が好んで悪いことをしたのだから自己責任ではないのか？」と思っているのかもしれない。もちろん、そう考えてしまってもそれは決しておかしいことではない。

2．いわゆる「犯罪者」の実態

　そこで、日本の治安は、現在、どのような状態に置かれているのか、ということを確認していきたい。まずは、『犯罪白書』などの犯罪統計を見てみるところからはじめる。そこに示されている日本の犯罪は、2002年をピークに右肩下がりで減少し続けている。しかも、その大半が「窃盗」である。同時に、毎日、テレビやインターネット、新聞などで犯罪報道がおこなわれているのを見聞きして、何となく犯罪が身近な

ものになっているが、よくよく冷静に考えてみると自分の家の近所で犯罪が起こったというようなことはほとんどない、ということもみえてくるのではないだろうか。

　そうしたなかでも、問題になっていることが３つある。

　１つめは、高齢者犯罪の増加だ。一般刑法犯で警察に検挙された人の年齢別の構成比をみてみると、若年層が減少傾向を示しているのに比して、高齢層が増加傾向を示している。とくに、65歳以上のいわゆる高齢者の伸び率が顕著であることがここから読みとれる。

　２つめは、障害、とりわけ知的障害（が疑われる）人による犯罪である。新受刑者の能力検査値、いわゆるIQ相当値の推移をみてみると、これは近年、増加しているとはいえないが、だいたい40〜50％の受刑者が知的障害を疑われる知的能力にあると推測される[3]。地方自治体によって基準は異なるが、おおむねIQ 70〜75以下が知的障害とされている。障害による何らかの生きづらさを抱えた人が刑務所に入りやすいということは日本社会そのもののあり方にも関係する重要な問題を提起しているともいえる。

　３つめは再犯者率の高さだ。再犯者率というのは、検挙等された人のなかに、過去にも検挙等された人がどの程度いるのかをみる指標である[4]。この指標が48.8％と非常に高くなっているのだ。犯罪をくり返す人が多い、ということが大きな問題になっているのである。日本では犯罪が減り続けているということはすでに指摘してきたところであるが、その少ない犯罪を高齢者や障害のある人びとが担っているということになると、社会のあり方そのものを問いなおす必要が出てくる。また、こうした再犯者対策でしばしば用いられるのが、法務省大臣官房（2014）で広く紹介されている数値だ。

　①仮釈放では28.9％の人が５年以内に再入所するのに対し、満期釈放では50.8％の人が５年以内に再入所しているということ。仮釈放者に比べて、満期釈放者の５年以内の再入所率が顕著に高く、このことから満期釈放者対策が課題であるということ。

② 2012年に刑事施設に再入所した受刑者のうち、前刑出所時に適当な帰住先がなかった人の52.5％は1年未満で再犯に及んでいるということ。出所時の適当な帰住先の有無と再犯期間は関連しており、出所時の住居確保が課題であるということ。

③ 保護観察終了時に無職であった人の再犯率は29.8％であり、有職であった人の7.5％と比べて約4倍となること（2008年から2012年までの累計）。社会内における職の有無と再犯率は関連しており、対象者の就労支援が課題であるということ。

　こうした数値を根拠に、出所者の居場所（住まい）と出番（仕事）ということが声高に主張されるようになっていったわけである。政策的な流れとしては、2010年には犯罪対策閣僚会議のもとに「再犯防止対策ワーキングチーム」が設置され、2012年には「再犯防止に向けた総合対策」を決定し、2014年には「犯罪に戻らない・戻さない〜立ち直りをみんなで支える明るい社会へ〜」を宣言し、2016年には「再犯の防止等の推進に関する法律」が公布・施行され、2017年には国の「再犯防止推進計画」が閣議決定され、2018〜2020年度の3カ年にわたり「地域再犯防止推進モデル事業」が実施されるなど、矢継ぎ早にその対策がとられていくことになる。

3．刑務所に入るためには

　このように、現在、日本では、高齢者、障害者による犯罪、および再犯者が問題になっている。まず、問題になるのがこのような高齢者や障害者は凶悪な犯罪をくり返しているのか、ということである。ここでは、最も測りやすい高齢者の犯罪特性について少し確認しておきたい。高齢者の検挙人員の罪名別構成比を見れば、65歳以上の高齢者の52.4％が万引き、17.6％が万引き以外の窃盗、14.2％が傷害・暴行、5.4％が横領、1.8％が詐欺、8.5％がその他となっている。横領には落ちている物を拾ってきたというような占有離脱物横領も含まれ、詐欺には、飲食店での食い逃げのような事案も含まれる。すなわち、そのほとんどが軽

微な財産犯であることがわかる。

　そもそも、日本の刑事司法は重層的な構造をとっているため、たとえ入りたいと希望したとしてもそう簡単には刑務所に入ることができない。当然のことだが、罪を犯したとしても警察に認知されなければ犯罪があったことを第三者が知ることはできない。警察が認知したとしても、「前裁き」といって事件処理されなかったり、「微罪処分」といって事件が軽微であることなどを理由に検察官送致せずに事件処理を終了させたりすることも少なくない。検察官送致されたとしても、検察官が犯罪は成立し訴訟条件も完備していると認めても公益上訴追を必要とせず公訴提起をおこなわない「起訴猶予処分」となることも多々ある。起訴され、公判に付されたとしても、いきなり実刑判決となることは少なく、執行猶予や罰金などとなることが多い。

　つまり、日本の刑事司法は、警察、検察、裁判所の各段階で刑事司法手続きの外に出ていく「ダイバージョン」というシステムを採用しており、簡単には刑務所に入ることができない仕組みになっているのである。実際、検察官の新規受理人員と刑務所の新入受刑者との比率は例年わずか2％弱しかないことから考えると、いかに犯罪のエリートが刑務所に入る構造になっているかということがおわかりいただけるのではないだろうか。

4．貧困と社会的排除のスパイラル

　では、なぜ高齢者の数が増えているのだろうか。犯罪のエリートであるはずの受刑者のなかに、高齢者や障害者が一定数含まれているのはいったいどうしてなのか。その背景には、貧困や社会的排除、社会的孤立といった問題が潜んでいる。先行きの見えない長寿社会のなかで、今後の生活の見通しがつかずに「節約」したり、困りごとが生じても誰にも相談することができなかったり、自分が困っているということにすら気がつかないでいる人も少なくない。何度か刑務所に入ったことがある人であれば、雨露は凌げて、3食が提供され、刑務作業という日中の仕事までを用意されており、運がよければ担当の刑務官が親身に相談に乗っ

てくれる刑務所のほうが生活しやすい、ということさえある。

　また、服役と出所とをくり返していると、仕事をもっていた人も仕事がなくなり、お金がなくなり、住まいがなくなり、支えてくれる人さえもいなくなっていく。社会保障制度の存在も知らなかったりすることも多く、たまの出所がちょっとした休憩のようになってしまい、生きるために犯罪をくり返す悪循環から抜け出せなくなってしまうのだ。さらに、日本の刑事司法は、累犯加重といって同じような犯罪をくり返しおこなう人はより厳しく処罰するという仕組みをとっているため、やったことは同じでもあるときから刑期が長くなってしまう、ということもありうる。

　一方で、このように重層的に建てつけられている日本の刑事司法システムだが、「はい」と同意することで次のステージに進めてしまう、という難点を抱えている。被疑者は、警察で捜査官が作成した一人称独白スタイルの供述調書を読み聞かせられ、たとえ意味がわからなかったとしても同意してしまえば、検察官に送致されることができる。とくに、知的に課題のある人は、よくわかっていなくてもその場の雰囲気で、よく理解していなくても同意してしまったり、その場でのやりとりの重要性が理解できずに面倒になってしまうなどして迎合してしまったり、という傾向が強く見られるのだ。検察や裁判所でもそれは同じことがいえる。

　実は、刑務所に入りやすい人には、特徴がある。それは、以下の3点に集約される。例えば万引きをして捕まったときに、その盗った物の代金を支払って被害弁償ができるかどうかといった意味での①財力、身元引受人になってもらえる人がいるかという意味での②人脈、先にも触れた捜査官等との③コミュニケーション能力に課題があるかどうか、ということが大きくその後の運命を左右していくことになるのだ（浜井2009）。病院や福祉施設であれば、素行の悪い「困った」患者や利用者を受け入れ拒否することも可能だが、刑務所は決められた刑期は受け入れなければならならず、唯一、受け入れ拒否のできない施設となっている、というわけである（浜井 2011）。医療・福祉の関係者は、「困った人は、

困っている人である」ということを絶えず意識しておく必要がある。

5．犯罪行為を手離していくためには

　Veysey（2015）は、犯罪から離脱していくためには、まず衣食住の確保と身体的・情緒的な安全、つぎにエンパワーされる人間関係、そして新しいスキルと価値ある役割、最後に再文脈化が必要である、と指摘している。やはり、生活の基盤である住まいがなければ人間として生活していくことはできないし、食べる物、着る物がなければ生物として生きていくことはできない。こうした最低限のものを前提に、身体的・情緒的な安全が確保されていくということはいうまでもない。そこで、まずは住まいの確保と食べる物や着る物の確保が出所直後の喫緊の課題となる。貧困と社会的排除のスパイラルに陥っているほとんどの人は、安定した収入源をもっておらず、当面は生活保護を受給することになる。ソーシャルワーカーは、最初に住まいと収入源についての生活環境調整をおこなっていくことになるわけである。同時に、ソーシャルワーカーが出所当事者が困ったときの相談役となっていくことで、情緒的な安心にも、エンパワーできる人間関係の構築にもつなげていくことができることになる。そのうえで、仕事までにたどり着かなかったとしても、出所当事者は、作業所での就労や施設の掃除など、何かしらの役割やスキルを身につけるところまで到達できれば、すっかり「その地域の人」という顔つきに変わっていき地域に定着していける。最後に、これまでの犯罪行為を含めた自分のおこないを再文脈化するところまでできれば、ピアサポーターになることができるが、ほとんどの人がそこまではたどり着くことができないのが現状であろう。

　また、高齢者や障害者による軽微な財産事犯の場合はとくに、その背景には「金銭管理」のできなさがある。にもかかわらず、刑務所のなかでは、自分でお金を使って買い物をするということが基本的にはできないばかりか、料理も洗濯もすることができず、「自分で考え、自分で決める」という、日常生活でわたしたちが求められる基本的なことをすべて否定された生活をおくることになっている[5]。「呼吸すること以外に

は許可がいる」といわれるほどにすべての行動が決められ、選択の余地のない生活は、規則正しい生活習慣と刑務作業による就労習慣とを身につけさせるためにおこなわれているといわれているが、現実にはこうした単調な生活に順応しやすい高齢者や障害者には逆効果になっているという皮肉な結果を招いているのだ。そうして、刑務所生活が長ければ長いほど、受刑者らしい生活スタイルが身についてしまい、受刑者同士で犯罪にかんするよからぬ情報を交換してしまい、ますます犯罪から離脱することも、社会生活を営むための能力も奪われてしまうのである。

　そもそも、刑務所は、自らのおこなった犯罪に対して、一定期間拘禁することで自由を奪い、落とし前をつけるための場所だ。つまり、刑期を勤めあげれば、何らその権利を制約される客体とはならないはずである。しかし、これまで指摘したように、出所後に、何らかの支援がなければ犯罪行為でしか生計を立てられない人びとの存在があることも事実なのだ。とりわけ、満期出所の場合は、出所後の生活環境が整っていなくても期限が到来すれば出所していくことになるためより深刻である。そこで、出所後、犯罪行為によらずとも生計を立てて、社会のなかで刑務所以上に幸せな生活がおくれるように支援が必要である、ということが理解されるようになってきた[6]。2007 年には刑務所に社会福祉士等の配置が始まり、2009 年には厚生労働省が所管する地域生活定着支援センターが設置されるようになった[7]。現在では、すべての刑務所に社会福祉士が配置され、各都道府県に地域生活定着支援センターが設置されるにいたっている。地域の純粋な福祉機関のなかでも、出所者支援への理解が徐々に深まってきているようにもみえるが、まだごく一部にすぎないというのが現状である。

Ⅲ．出所者がよき隣人となるためには

　筆者は、博士の学位取得後、3 年間、大阪府地域生活定着支援センターにおいて、実際に、ソーシャルワーカーとして出所者に対する福祉臨床をおこなう参与観察を実施してきた。出所者の帰住先の確保、日中の

居場所や余暇活動の場の確保のため福祉機関、生活保護や福祉サービスの申請等のために行政機関、医療が必要な人には病院をまわって生活環境調整をおこなってきたが、病院や福祉機関、行政の窓口において「出所者」である、ということで心ないことばを投げかけられたことは一度や二度ではなかった。

　他方、法務省がおこなった「再犯防止対策に関する世論調査」（2018年）によれば、「犯罪をした人の立ち直りに協力したいと思うか」という問いに対して、「思う」とする者の割合が53.5%（「思う」17.8% ＋「どちらかといえば思う」35.7%）、「思わない」とする者の割合が40.8%（「どちらかといえば思わない」25.3% ＋「思わない」15.4%）という結果が出ている。予想以上に立ち直りに協力したい、という意識をもっていることに驚かされる。その一方で、「刑事司法への信頼に関する調査2014」（研究代表：津島昌寛）において、「あなたは、刑務所を出所してきた元受刑者があなたの近所に住むことを、どのくらい進んで受け入れようと思いますか」という問いに対して、58.2%の人が受け入れを拒否し、「わからない」を含めればその数値は83%にいたるという結果が出ている。協力はしたいが、実際に自分の近くに住むことへの抵抗は小さくないということなのだろう。まさに、「私たちは人びとに犯罪を辞めてほしいと思っているが、学校の先生として子どもたちに教えたり、上司にしたり、近所づきあいをしたりしたいとは思っていない」という Veysey（2008）の研究を裏づける結果が日本でも起こっているということになる。

　それでは、わたしたちはなぜ出所者が隣人となることを望まないのか。その理由には何か具体的な根拠があるわけではなく、何となくの不安やスティグマにあるのではないかといわれている（掛川 2020）。人びとによってつくりあげられてきた、あたかもモンスターであるかのような「出所者」という虚像が、何となくの不安やスティグマを強化し、刑務所等から出所しているというひとつの事実だけが焦点化され、目の前にいるその人の姿を見えなくしてしまっているわけだ。また、出所者が出所後に失う最たるものに、他者からの、そして自分自身からの「信

頼」があげられる（掛川 2018）。「信頼できるということは、仕事を得たり、家を買ったり、または隣人の子どもの子守をするための担保である。スティグマは個人の信用を落とし、信頼を損なう」ことになるわけである（Veysey 2008）。

　この「信頼」という点をいかにフォローしていくかが、出所者支援にとって特徴的な課題となってくる。この点、野村（2013）は、施設コンフリクト発生後の合意形成をめぐり、「信頼」の重要性を強調するとともに、当事者間において感情論で対峙するのではなく、それぞれの利害を客観的に考慮することのできる「仲介者」が、施設コンフリクトの合意形成に大きな役割を果たすと指摘している。出所者支援における出所者へのスティグマの解消をめぐっても、この「仲介者」、すなわち支援者の存在が重要になるのではないか。くわえて、出所者にとって、困ったときに相談できる人や場所の存在は不可欠である。単に住まいが確保されれば解決するというわけではなく、そこで住み続けるための生活支援がセットでおこなわれなければならない。その人にそこで暮らしていきたい、暮らしていけると思える場所をつくり、人と人とをつないでいくことが出所者の地域生活支援には不可欠だということである。

Ⅳ．福祉臨床のあり方を変えていくためには何が必要か

１．出所者の地域生活を支えるための司法と福祉との連携

　出所者の暮らしを地域で支えていくためには、地域における出所者に対する認識を変えていくことが求められる。これまで述べてきたように、出所者支援という領域は、ソーシャルワークのなかでも比較的新しい領域であるといえる。それゆえに、さまざまな支援のあり方を、ボトムアップ型で模索していく必要がある。そのためには、出所者が出所者ではなく、ひとりの隣人として、生活していくための「緩やかな紐帯」づくりが求められる。

　筆者は、非営利活動法人ささしまサポートセンター事務局次長の橋本恵一とともに、2015年度から準備をはじめ、2016年度より出所者支援

ネットワーク東海という活動をおこなっている（2018年度には一般社団法人としての法人格を取得）。連続学習会の開催を契機に、出所者支援にかかわるソーシャルワーカーや社会福祉を学ぶ学生などが一堂に会することにより、これまでおこなわれてこなかった支援者のネットワークを構築するとともに、出所者問題の啓発に取り組んでいる。

　この連続学習会には、出所者支援に取り組むソーシャルワーカーのほか、刑務所の福祉専門官／社会福祉士、刑務官、保護観察官、弁護士、臨床心理士、記者、研究者、学生など、多様な参加者を得ることができ、日々、そのネットワークを拡げることを目指した活動を続けている。2018年度は「しゃば〜ル（しゃば＋バル）めぐり」と題したスタンプラリー方式の学習会をおこない、1カ所ではなく、名古屋市内に点在する複数のバーやカフェで開催することで、この問題に関心をもつ人びとを増やし、出所当事者と共生していくためのしゃば（地域）をつくる草の根の活動を展開している[8]。2019年度は「しゃばのかんづめ：しゃば〜ル2019」と題し、前年度の趣旨を引継いだうえで、出所当事者と支援者とのあいだに生じる温度差、すなわち「ズレ」に焦点化し、それぞれの経験や想いを語り合うなかで、支援する側とされる側にあった壁を少しずつとりはらっていくことを目標に掲げた座談会をおこなってきた。2020年度は「ここがヘンだよ!! 日本の矯正・保護：しゃば〜ル2020」と題し、前々年度、前年度の趣旨を引継いだうえで、更生保護施設等へのフィールドワーク等を実施した。

　こうした取り組みに対して、参加してくださった出所当事者の方がたからは、「話すのはすこし不安だったけど、聞いてもらえるのは嬉しかった」「次回も声をかけてほしい」といった声が届けられている。結果的に、差別され、排除されてきた経験を『異なる他者』と語り合うことによって、「情動的な紐帯」がつくりだされ、気兼ねなく語ることができる、無視されない、そして自分が幾度となく味わってきた感覚を知ってもらえることによって、アイデンティティの形成に厚みをくわえることにつながっていった。そうして、副次的な効果として、出所当事者の語る場を設けることで、かれらの犯罪行為の再文脈化にも寄与する効果

も得ている。

2. 司法の視点 / 福祉の視点

　このように、出所者に対する福祉臨床をおこなっていくためには、い
わゆる「居場所」と「出番」の確保を前提に、息の長い地域生活支援を
展開していくことを視野にいれた地域づくりが必要になってくる。その
ためには、受け入れ先となる医療・福祉機関の理解、そして地域の理解
が不可欠である。いくら出所者の側がそこに住み続けたいと思えたとし
ても、医療・福祉機関や地域の理解がなければ、平穏な地域生活にはつ
ながらない。出所者といわれる人びとの多くは、やはり地域では「困っ
た」人であることが少なくなく、何らかの問題を抱えている。その困り
ごとを支援者も含めてサポートしていくことが必要になってくる。その
過程のなかでは、やはりより広義の「司法」との連携が必要になってく
ることも少なくない。

　筆者は、もともと法学部の出身であり、社会福祉領域を意識した研究
をはじめたのは博士課程に進学した後であるため、その根底には法学的
な思考方法がある。社会福祉領域に足を踏み入れるようになって感じる
ことは、社会福祉領域の研究者や社会福祉士をはじめとするソーシャル
ワーカーたちの多くが概して他人の話をよく聞くということだ。それに
対して、法学領域の研究者や弁護士をはじめとする法律家たちの多く
は、何とかして相手を言い負かそうとしているように感じることが多
い。むろん、個人差はあるわけだが、かなり乱暴に分けると、そのよう
な印象をもったというのが正直なところだ。こう言ってしまうと、何と
なく、法律家は「嫌な奴」でソーシャルワーカーは「いい奴」という誤
解を生んでしまうかもしれない。決してそういうことを言いたいわけで
はないわけではないが、おそらくは当人たちも、そのような感覚をもっ
ているのではないかと思ったりもする[9]。

　また、法律家の仕事は、「疑う」ところからはじまるが、ソーシャル
ワーカーの仕事は「信じる」ことからはじまる。さらに、法律家は「過
去」を基準に「証拠」を集めて「事実」（≠「真実」）を追い求めること

になるが、ソーシャルワーカーは「未来」を見据えて「社会資源」を組み合わせてこれからの「生活」をつくりだそうとする。そうだとすれば、法律家は論理的でなければならないし、ソーシャルワーカーはポジティブかつサポーティブでなければ勤まりにくいものになる。

　他方、法律家の多くはエリート意識をもっているが、ソーシャルワーカーの多くはおそらくエリート意識は強くない。このように法律家とソーシャルワーカーとは根本的に異なる。司法と福祉との連携を考えるうえではお互いにこのズレを念頭においておく必要がある。このような立ち位置の違いを前提に考えるとみえてくるように、法律家からソーシャルワーカーへの壁は決して高いものではないが、ソーシャルワーカーから法律家への壁は存外に高いものになってしまう。

３．社会福祉法人南高愛隣会のもうひとつの挑戦

⑴　法学の世界から福祉の世界へ

　出所者を支える地域をつくっていくためには、刑事司法と福祉との連携と並行して、権利擁護をはじめとする民事をも含めた司法全般と福祉との連携も同時に進めていかなければならない。社会福祉領域においては、刑事司法という国家と私人とが対立する場面はもちろん、私人間の争いにかんする民事司法への壁が高いものになっている。これは、法律家のもつエリート意識と世の中が抱く法律家への近寄りがたいイメージともかかわることなのかもしれないが、司法紛争に対処するときに「弁護士」に相談・依頼することのハードルそのものが異様に高かったりもする（濱野 2009）。刑事司法と福祉との連携の前に、より人びとの生活に密接しにかかわる民事司法と福祉の連携を成し遂げなければ本当の意味での司法と福祉との連携は成立しないことになる。刑事司法と福祉の連携に日本ではじめて本格的に挑戦して、牽引してきたのが社会福祉法人南高愛隣会であったことは本章の冒頭ですでに述べてきたとおりであるが、ここではこの南高愛隣会がおこなってきたもうひとつの挑戦について紹介したい[10]。

　時は、2013 年 4 月。長崎県とは縁も所縁もない南口芙美さんという

ひとりの女性が南高愛隣会の職員となることとなった。南口さんは、日本における矯正・保護研究の拠点である龍谷大学法学部、大学院法学研究科修士課程、大学院法務研究科専門職学位課程を修了した後、弁護士になるという夢に破れて進路に悩んでいた。折しも、刑事司法と福祉との連携が軌道に乗り出したころだった。刑事政策の研究者として刑務所廃止論という先鋭的な理論を打ち立て（南口 2005）、市民のための法律家を志した南口さんが選んだ新たなステージは、この刑事司法と福祉との連携に大きく寄与したことで知られる南高愛隣会だった。当時の求人内容は、「事務総合職」。業務としては、企画立案・政策提言・社会発信・人材育成、さらには新規事業の立ち上げや研究業務が掲げられていたという。そこで、南口さんに与えられた仕事は、厚生労働省との研究事業や共生社会を創る愛の基金事業、虐待防止委員会の事務であった。法人内の各種規定の見直しや、利用契約書・業務委託契約書等の整備なども多かったという。

　南口さんは、刑事司法と福祉との連携の推進に何かできることはないかと南高愛隣会に入職した。実際、入職直後から、共生社会を創る愛の基金のシンポジウムや厚労省事業の事務局などを担当することができたという。一方、その頃の法人は、離職率の高さや障害者虐待防止法施行にともなう行政処分の対応などが急務となっていた。2013 年に理事長が交代し、次の時代にむけ、大きな転換期を迎えていた時期であったという。社会的にも働き方改革やハラスメント対応が重視され、コンプライアンスが声高に叫ばれ始めた時代であった。少子高齢化が進むなか、職員の定着が重要になっており、職員が何を求めているか、何に困っているかを法人が把握する必要が高まっていた時期でもあったという。

(2) 法人法務・相談室の誕生

　そこで設置されたのが「法人法務・相談室」だった。この相談室は、法人の監査部門が改組になって新設されたもので、就業規則等の整備、契約書の確認・作成、利用契約書の統一フォーマットの作成、障害者虐待防止法、労働関係法改正その他の法制度への対応のほか、職員の話を聴くという広範な役割を担うことになった。担当職員として、地元の金

融機関を早期退職して南高愛隣会に入職されたAさんと、法学の素養のある南口さんとが配属され、この広範な業務を担うこととなった。特徴は、法人の指示系統から独立した部署であり、担当職員には守秘義務が課せられていたという点にあった。この法人法務・相談室は、退職していく職員の本音のはけ口、法人内で利用者に対して不適切な対応があるときの訴え先、内部告発に発展する前の相談先、感情労働を余儀なくされる福祉臨床の現場で疲弊していく職員のいわば「よろず相談」の場として発展していく。

　まず、南口さんとその上司は、南高愛隣会の各事業所をまわって、現場の職員が気軽に相談できる体制を整えていくために顔をつないでいくところからはじめたという。管理職とは法人内の危機管理委員会等で顔見知りになっていくことで、一定の関係性をつくっていった[11]。顔の見える関係ができることで、実際に少しずつ相談もでてくるようになってきたという。まさにアウトリーチである。相談内容は、職場における典型的な人間関係の悩みから、職員さんの家族や利用者さんが抱えるトラブルまで多岐にわたっていた。

〔相談内容の例〕
　　・自己破産や多重債務の整理
　　・請求書を見れば時効が成立しているとわかる借金
　　・他府県に住んでいる親の借金の督促が子どもに届く
　　・倒産した大手消費者金融の債権を引継いだ会社が引継ぎをおこなうたびに督促してくる
　　・相続／相続放棄
　　・婚姻トラブル
　　・DV
　　・親の葬式代を支払えと兄弟から請求される
　　・SNS詐欺
　　・架空請求メール
　　・職員のいない利用者さんが時間帯に訪問販売に申込んで払えなく

なる

　など

　相談内容から法律を知っていれば解決できることも多いということも明らかになっていきた。しかし、「こんなこと弁護士に相談していいのかな」と、なかなか弁護士に相談するという考えが浮かばない。そもそも弁護士に何を聞いていいかわからないし、弁護士に知りあいなどいない。そういった人びとがほとんどだったという。たしかに、弁護士に相談するための「勘所」のようなものは法律を勉強した人であればわかるようにも思うが、福祉の現場で頑張ってきた人が法律に触れる機会はほとんどないというのがこの国の置かれた現状だ。そういった意味でも、法人法務・相談室の存在は大きかったわけである。法人法務・相談室が定着したのは、その業務を担った南口さんとその上司が、ともに南高愛隣会生え抜きの職員ではない「よそ者」であり、既存の濃密な人間関係がなかったからだったのかもしれない[12]。また、法人内部に法テラスからの弁護士の出向があったことも弁護士に相談することのハードルを下げることとなった。

　さて、このような相談のなかには、利用者が逮捕されるといった事例もあったという。もちろん、当番弁護士の存在も知らない。それまでは同法人の更生保護施設の責任者が迎えに行くなど属人的な解決策がおこなわれてきた。地方都市特有の慣習で、地元の関係で頭を下げて解決ということが多かったという[13]。とはいえ、このようなトラブルがいつも顔の見える関係のなかで発生するわけではない。法人法務・相談室の仕事には、「弁護士にこんなこと頼んでいいのかな」を乗り越える、というところがあったという。そのためには、最初のうちは南口さんが職員と一緒に法テラス[14]や弁護士事務所に同行するところからはじめたという。

(3) 法人法務・相談室が果たした司法ソーシャルワーク機能

　刑事司法への関与をひとつの契機として福祉的支援をおこなう刑事司法ソーシャルワークとは少し異なる文脈で「司法ソーシャルワーク」ということばが用いられることがある。司法ソーシャルワークというの

は、弁護士や司法関係者から見た表現であって、ソーシャルワークをおこなっている福祉関係者の地域連携ネットワークに弁護士が新たにかかわる場合が通例であり、弁護士の活動はチームによる総合的な生活支援全体の一要素にすぎないと考えられている（濱野 2016a）。

　そのうえで、濱野（2016b）は、①高齢者、障害者、生活困窮者、外国人、DV やストーカー被害者・虐待されている子どもなどで、自ら、あるいは自発的に弁護士にアクセスすることが期待できない人びとに対して、②福祉・医療関係者ないし関係機関、その他の支援者との連携を弁護士が強化し、あるいは新たに構築して、③全体として総合的な生活支援を継続的におこなっていく手法である、と定義している。この濱野（2016b）による定義によれば、司法ソーシャルワークは「弁護士」が主体として担われることとされているが、南高愛隣会では法人法務・相談室が仲介役となってこの機能を果たしてきたことになる。

　南口さんは、法人・法務相談室の仕事をはじめたとき、司法ソーシャルワークを展開しようと考えていたわけでも、何かを変えようとしたわけではなかったという。目の前に困っている人がいたときに何とかできたらいいなと思った、というのがきっかけだったと語っている。また、南口さん自身、刑事司法と福祉との連携を進めようとは思っていたが、このような仕事をするとは考えていなかったという。まして組織のあり方を変えようとは思ってもみなかったということだった。刑事司法と福祉との連携を牽引してきた南高愛隣会は、そのスター担当者を厚生労働省に出向させるほどに輝かしい功績を残してきた裏で、ひっそりと民事司法と福祉との連携を推進し、司法ソーシャルワークも牽引していたということはあまり知られていない事実かもしれない。

４．社会を生き抜くためのルールを学ぶ場の設定

⑴ 学習の場をつくって社会のルールを身につける

　そもそも、南口さんが南高愛隣会に入職した目的は、刑事司法と福祉との連携をつくっていくことにあった。南口さんは、法人法務・相談室として司法ソーシャルワークを展開していくことと並行して、罪に問わ

れた利用者が社会を生き抜くためのルールを学ぶ場を設定することに尽力されてきた。日本の刑務所は、生活習慣と労働習慣との習得に重きを置いており、同じ過ちをくり返さないためにはどうすればいいか、という視点が希薄である[15]。そのため、同じ過ちをくり返して刑務所に入るのではなく、社会のなかで、犯罪行為を手離して、何とかルールと折り合いをつけながら幸せに暮らしていく術を身につけていくためには福祉の手助けが必要になってくるのだ。

南口さんは、その手助けをおこなうために「犯罪防止学習（のちの『社会学習』)」にオブザーバー参加するところからはじめられた。この取り組みは、もともと再犯防止に向けてのアプローチとして導入されたものであり、刑務所出所後に福祉に何ができるのか、環境設定だけでいいのか、という出所後の受け手の不安を解消したい、という思いが背景にはあったという。法人の就労継続支援Ｂ型の事業所がこうした問題意識のもとで日中のプログラムとして模索していたところに参加していったかたちだ。

ここでは、たとえば、他人の物を盗ったら窃盗罪という立派な犯罪が成立する。ここでいう他人には、友だちも含まれるということを理解してもらう、というところからはじめたという。このようにいったいどのような行為が犯罪になるのか、というところにはじめは着目していた。しかし、実際に、はじめてみると多くの利用者は、他人の物を盗れば犯罪になることはわかっていたという。知的障害が疑われる人には、窃盗が犯罪になり悪いことだということが理解できていても、友だちの物を盗るのは犯罪にはならないという認識があったりもするため、単に世の中の「常識」を押しつけ、正論を振りかざしても解決しない問題も少なくないのだ。それどころか、そうした取り組みによって逆に犯罪行為を教えてしまうことにもなりかねない不安もあるため、福祉臨床の現場の人たちの試行錯誤が続いていた。

そこで、お金を払わずにお店を出たらいけないという視点ではなく、ごはんを食べたけれどお金がなかったらどうしたらいいか、というところに視点を転換していった。他人を殴りたくなったときどうするか。人

を殴る、壁を殴る、クッションを殴る、サンドバックを殴る。さらに、知的障害者がオレオレ詐欺の出し子受け子として食い物にされていた実態があったため、アルバイトをやる前には相談をするということを約束事としていった。地元の友だち関係が続きやすく、それ以外に世界が広がりにくい障害者にとって、悪いことに誘われたときにどうやって断るか。困った人がなぜ困ったのかを考えていったという。

(2) どこでも誰にでも社会のルールを学ぶ場を設定できるように

こうした取り組みは、薬物依存から離脱するときにおこなわれる自助グループのミーティングと同じように反復継続しておこなうことが大切であり、ある程度の「型」がないと、属人的になってしまう。そのため、誰もがそれを見ればおこなえるようなテキストをつくっていく取り組みがはじめられた。その集大成として、社会福祉法人南高愛隣会共生社会を創る愛の基金編『「暮らしのルールブック」の使い方―ともに学ぼう、楽しく生きていくために守ること』（エンパワメント研究所、2021年）を刊行している。このテキストは、知的障害・発達障害のある人のために作成された、「してはいけないこと（犯罪）」「気をつけたいこと」がわかりやすくイラストで書かれた『暮らしのルールブック』を使っておこなうワークの実施方法をまとめたものである。

現実問題として、出所者を受け入れた福祉施設にできることはあまりない。頻回に声かけをおこなう、その人にできるだけ応じた環境設定をおこなう。福祉の側が真面目に取り組もうとすればするほど、どうしても再犯防止に目がいってしまう。しかし、そうならないためにどうすればいいのかということを、改善をくり返しながら続けていくしかない。

冷静に考えてみれば、イライラしていると一番つらいのは本人である、ということがわかるだろう。叱るのではなくイライラをとりのぞいて幸せな生活にいかにつなげていくか。誰にでもできて反復できるプログラム一歩手前の工夫が何よりも大事になってくるのだ。

V. むすびにかえて

　本章では、いくつかの統計データを示しながら出所者支援の必要性について確認したあと、近年の司法と福祉との連携についてふり返ってきた。現在の日本の良好な治安状況のなかで、再犯者対策に焦点があてられ、さらに本来、福祉で対応されるべき高齢者や障害者の最後の居場所として刑務所が存在してしまっていることの矛盾が明らかになってきた。ただ生きるために犯罪をくり返す人びとがこんなにもたくさんいたことに驚かれた読者も少なくないかもしれない。

　この間のコロナ禍がさらなる負の連鎖を招くことも考えられる。このような問題をより深刻にしないためには、福祉臨床の現場で、「問題」に少しでも早く気がつき、傷口が小さいうちに処置することが大切になってくる。刑事司法ソーシャルワーク、さらにはより広い意味での司法ソーシャルワークを推進していくことで、民事司法へのハードルを下げ、その副産物として刑事司法に関与した人びとを受け入れるハードルも下げていくことができれば、司法と福祉との連携が結果的に推進され、福祉臨床の現場そのものも変えていくことにつながっていくのではないだろうか。

　福祉は司法のことを知らずにどこか格式高いものとして敬遠してきた。福祉は出所者のことをどこかモンスターのように捉えて受け入れを拒否してきた。しかしながら、司法と福祉との連携が進むなかで、徐々にお互いのことがわかるようになってきた。相手のことがわかれば怖くなくなるのだ。うまくいかない現状を何とか打開しようと草の根の取り組みを続けていくことで小さなイノベーションを起こし、結果として、社会のあり方をも変えていくような大きなイノベーションへとつながっていく。司法と福祉との連携は、こうした小さなイノベーションの積み重ねの結果であり、そのことが同時に、福祉臨床がその本来の「責務」を果たすための道筋をつけているのかもしれない。

注

1) 生島（2017）は、この「二人の『政治家になり損ねた人』もよって、刑事司法と福祉との協働のプロジェクトが展開されることとなる」と指摘している。意地悪な言い方にも感じられるが、言い得て妙である。もし、このふたりが政治家として大成していたとしたら、刑事司法と福祉との連携はここまで進むことはなかったかもしれない。

2) 日本の刑法は、非常に抽象的に定めているため、罪名のもつインパクトが強く、一見すると物凄く凶悪に見える犯罪も、よくよく聞いてみるとそうでもないことが少なくない。

3) 必ずしも療育手帳を取得しているとは限らない。知的障害は障害のなかでも暗数が多いのがその特徴とされている。

4) 一方、再犯率は、犯罪により検挙等された人が、その後の一定期間内に再び犯罪をおこなうことがどの程度あるのかをみる指標をいう。

5) こうした背景があるため、出所後の生活には、限られた財源のなかで、生活に必要なものをいかに購入しやりくりしていくか、といったことをはじめとした生活支援が不可欠となる。

6) 決して、再犯防止が福祉的支援の目的ではなく、その支援の結果として再犯防止がある、ということを忘れてはならない。

7) 出所後の支援は、必ず刑事司法機関から独立した機関が担当するということが何よりも重要になってくる。強大な強制力をもった刑事司法機関がそれを担えば、刑期の延長、社会のなかの檻のない監獄ができあがってくることになってしまう。だからこそ、司法と福祉との連携が重要であり、福祉は福祉としてのアイデンティティを見失わないことが大切になってくる。

8) 2018〜2020年度は、後述する共生社会を創る愛の基金の助成を受けて実施した。

9) ソーシャルワークは、善意での支援であるだけに、福祉の領域にはパターナリズムが働きやすい、ということにはソーシャルワーカーは自覚的でなければならない（本庄 2018）。

10) 以下、2021年6月25日・26日におこなった社会福祉法人南高愛隣会の法人法務・相談室に勤務する南口芙美さんに対する聴き取り調査の結果に基づくものである。

11) 南高愛隣会は、2015年2月に、障害者虐待防止法に基づく行政処分を受けており、その対応と改善策の立案などの業務に取り組んでいたという。

12) この上司も、長崎の金融機関を早期退職されて南高愛隣会に入職された方であるという。

13) 時には、逮捕された利用者さんの障害が重く、「南高愛隣会さんなら、帰ってもらって結構です」と帰してもらえることもあったという。

14) 法テラスというのは、日本司法支援センターの俗称で、国が設立した法的トラブルを解決するための道案内をする総合案内所である。案件によっては、顧問弁護士に相談すると利益相反となる事例もあるため、その判断も法人法務・相談室でおこなっていた。ここ数年で、顧問弁護士とは別にハラスメントに対応する弁護士が法人と契約して、職員からの相談を直接受け付けてもらえる仕組みもつくっていったという。

15) 近年、特別改善指導に力が入れられてきているが、その意識はいまだ中核的なものとはなっていない。

参照文献

掛川直之（2018）「出所者支援に大きな不安なくとりくむためにソーシャルワーカーは何を学んでおくべきか？─これだけは知っておきたい司法福祉の基礎知識」掛川直之編著『不安解消！出所者支援─著者たちにできること』旬報社、36-63頁

掛川直之（2020）『犯罪からの社会復帰を問いなおす─地域共生社会におけるソーシャルワークのかたち』旬報社

生島浩編著（2017）『触法障害者の地域生活支援─その実践と課題』金剛出版

田島良昭（2018）『一隅を照らす蠟燭に─障がい者が"ふつうに暮らす"を叶えるために』中央法規

野村恭代（2013）『精神障害者施設におけるコンフリクト・マネジメントの手法と実践─地域住民との合意形成に向けて』明石書店

浜井浩一（2009）『2円で刑務所、5億で執行猶予』光文社

浜井浩一（2011）『実証的刑事政策論─真に有効な犯罪対策へ』岩波書店

濱野亮（2009）「弁護士へのアクセスの現状と課題」太田勝造・ダニエルH.フット・濱野亮・村山眞維編『法社会学の新世代』有斐閣、68-97頁

濱野亮（2016a）「司法ソーシャルワークと地域連携」『総合法律支援論叢』1号、59-79頁

濱野亮（2016b）「司法ソーシャルワークによる総

合的支援」『立教法学』93号、155-194頁

法務省大臣官房（2014）「法務省は再犯防止対策を進めています―今、再犯防止対策が必要な理由について」『法務省だより あかれんが』44号

本庄武（2018）「司法と福祉の連携におけるアカウンタビリティのあり方」刑事立法研究会編『「司法と福祉の連携」の展開と課題』現代人文社、137-155頁

藤原正範（2006）「司法福祉学の本質と対象領域に関する考察」『鈴鹿医療科学大学紀要』13号、73-84頁

南口芙美（2005）「自由刑廃止―弊害除去の限界と回復不可能性」『龍谷大学大学院法学研究』7号、247-265頁

山口幸男（1999）『司法福祉論』ミネルヴァ書房

Veysey, B.M.（2008）Rethinking Reentry, *The Criminologist*, 33(3), pp.1-5

Veysey, B.M.（2015）Offender Rehabilitation and Reform, in Annual Report for 2014 and Resource Material Series No.96, pp.58-62

執筆者紹介

新ヶ江章友
（しんがえ　あきとも）
［はしがき、第6章］

編者紹介参照

川村尚也
（かわむら　たかや）
［第1章］

大阪市立大学大学院都市経営研究科准教授。東京大学教養学部卒、一橋大学大学院博士課程単位取得退学。甲南大学経営学部助教授、大阪市立大学商学部・経営学研究科准教授等を経て現職。ESSEC（仏）、ケムニッツ工科大（独）、ユトレヒト人文学大（蘭）、ヘルシンキ大（芬）、キール大（英）、ウースター工科大（米）、シドニー大（豪）等で在外研究。翻訳書に『実践アクションリサーチ―自分自身の組織を変える』（共監訳、碩学舎）がある。

岩崎安伸
（いわさき　やすのぶ）
［第2章］

大阪市立大学大学院都市経営研究科教授（実務型専任）。和歌山県立医科大学卒、神戸大学医学研究科博士課程修了・医学博士、神戸大学経営学研究科・経営学修士、シンガポールマネジメント大学EMBA修了。整形外科専門医。スポーツドクター。国際体操連盟（FIG）アンチドーピング・医科学委員長。患者－医師関係、アジア諸国の医療に関する研究、およびスポーツ医療における経営学との統合的、実践的な研究を行っている。

服部俊子
（はっとり　としこ）
［第3章］

大阪市立大学大学院都市経営研究科准教授。立命館大学文学部卒、大阪大学大学院医学系研究科（旧 分子治療学講座「医の倫理学」）修了・博士（医学）。滋賀医科大学医学部講師、大阪市立大学大学院看護学研究科准教授を経て現職。立命館大学教育賞受賞、著書に『テキストブック生命倫理』（共著、法律文化社）、『少子超高齢社会の「幸福」と「正義」―倫理的に考える「医療の論点」』（共著、日本看護協会）などがある。

堀江　剛
（ほりえ　つよし）
［第4章］

大阪大学大学院人文学研究科教授。慶應義塾大学文学部卒、ハイデルベルク大学哲学・歴史学部修士課程修了、大阪大学大学院文学研究科博士後期課程単位取得退学・博士（文学）。広島大学大学院総合科学研究科准教授、同大学教授を経て現職。著書に『ケアの社会倫理学―医療・看護・介護・教育をつなぐ』（共著、有斐閣書店）、『ソクラティク・ダイアローグ―対話の哲学に向けて』（大阪大学出版会）などがある。

阿久澤麻理子
（あくざわ　まりこ）
［第5章］

大阪市立大学人権問題研究センター／大学院都市経営研究科教授。上智大学法学部国際関係法学科卒、大阪大学人間科学研究科修了・博士（人間科学）。アジア太平洋人権情報センター理事。日本財団Asia Pacific Intellectuals Fellowship 第4期フェロー。著者に『フィリピンの人権教育―ポスト冷戦期における国家・市民社会・国際人権レジームの役割と関係性の変化を軸として』（解放出版社）、Morals and Market: Changing Attitudes toward Minorities（*Human Rights Education in Asia-Pacific* Volume 7）などがある。

掛川直之
（かけがわ　なおゆき）

［第7章］

東京都立大学人文社会学部助教。大阪市立大学大学院創造都市研究科博士課程修了・博士（創造都市）。大阪市立大学都市研究プラザ特別研究員（若手・先端都市）、日本学術振興会特別研究員（DC2）、同特別研究員（PD）、立命館大学衣笠総合研究機構専門研究員等を経て、現職。著書に『犯罪からの社会復帰を問いなおす』（旬報社）、『不安解消！ 出所者支援』（編著、同）などがある。

編者紹介

新ヶ江章友
（しんがえ　あきとも）
［はしがき、第6章］

大阪市立大学人権問題研究センター／大学院都市経営研究科教授。筑波大学第二学群比較文化学類卒、筑波大学大学院人文社会科学研究科修了・博士（学術）。アメリカ合衆国カリフォルニア大学バークレー校人類学部客員研究員、財団法人エイズ予防財団リサーチ・レジデント、名古屋市立大学男女共同参画推進センター特任助教、大阪市立大学大学院創造都市研究科准教授を経て、現職。著書に『日本の「ゲイ」とエイズ—コミュニティ・国家・アイデンティティ』（青弓社）、『多様性との対話—ダイバーシティ推進が見えなくするもの』（共著、同）、『東南アジアと「LGBT」の政治—性的少数者をめぐって何があらそわれているか』（共著、明石書店）などがある。

都市経営研究叢書6

学際研究からみた医療・福祉イノベーション経営

2022年3月10日　第1版第1刷発行

編　者——新ヶ江章友
発行所——株式会社 日本評論社
　　　　　〒170-8474 東京都豊島区南大塚3-12-4
　　　　　電話 03-3987-8621（販売）-8601（編集）
　　　　　https://www.nippyo.co.jp/　振替 00100-3-16
印　刷——平文社
製　本——牧製本印刷
装　幀——図工ファイブ

検印省略　©A. Shingae 2022
ISBN978-4-535-58747-2　Printed in Japan